रुदाली

[नाटक]

महाश्वेता देवी की कहानी पर आधारित

रुदाली

उषा गांगुली

राधाकृष्ण प्रकाशन

ISBN : 978-81-7119-767-5

रुदाली

पहला संस्करण : 2004
दूसरा संस्करण : 2021

This book is printed on **Print on Demand** Technology : 2025

मूल्य : ₹495

प्रकाशक
राधाकृष्ण प्रकाशन प्राइवेट लिमिटेड
जी-17, जगतपुरी, दिल्ली-110 051

शाखाएँ : अशोक राजपथ, साइंस कॉलेज के सामने, पटना-800 006
पहली मंजिल, दरबारी बिल्डिंग, महात्मा गांधी मार्ग, प्रयागराज-211 001
1, अनमोल सोराबजी संतुक लेन, धोबी तलाव, मरीन लाइंस, मुम्बई-400 002
वेबसाइट : www.radhakrishnaprakashan.com
ई-मेल : info@radhakrishnaprakashan.com

RUDALI
Play by Usha Ganguli

‘रुदाली’ का रंगकर्मी, कोलकाता द्वारा मंचन : कुछ दृश्य

उषा गांगुली के निर्देशन में ज्ञानमंच, कलकत्ता द्वारा किए गए 'रुदाली' के मंचन में इन कलाकारों ने भाग लिया

सनीचरी	:	उषा गांगुली
बिखनी	:	यामा श्रॉफ
परबतिया	:	गीतू चुगानी
मिसरी / नसीबन	:	दीपिका गांगुली
सोमरी	:	अफसरी बेगम
लछमी / जुगनी	:	श्री लेखा बसु
गुलबदन	:	शुभ्रा चौधरी
ठकुराइन	:	मल्लिका जालान
गंगू / गाँव की औरत	:	शीला मिश्रा
धतुआ की पत्नी	:	रत्ना रॉय
रधिया / गाँव की औरत	:	लक्ष्मी सिंह
गाँव की औरतें	:	माया मुखर्जी
	:	अल्पना चक्रवर्ती
चम्पा / गाँव की औरत	:	शबनम बतरा
गाँव की लड़की	:	दीपा रजक
हरुआ	:	दीपेश रजक
बुधुआ / भतीजा / अंगरक्षक	:	अजय यादव
दूलन	:	ओम पारीक
ग्रामीण / मिठाईवाला / पंडित	:	सूर्यकान्त तिवारी
बैद्य / बचनलाल	:	जयप्रकाश सिंह
गजानन	:	देबू सोम
बिजुआ	:	छविलाल
लछमन सिंह	:	राजेश शर्मा
माधो सिंह	:	नरेन्द्र रॉय
बच्चा सिंह	:	देबू सोम
भैरो सिंह / गंभीर सिंह	:	भास्कर मित्रा
नटुआ / ग्रामीण	:	मनोज चौधरी
शंकर / ग्रामीण	:	तारक चटर्जी
धतुआ / ग्रामीण	:	रतन दे

दृश्य - 1

[सनीचरी का घर। स्टेज राइट में सनीचरी बैठी चक्की पीस रही है। स्टेज लेफ्ट सनीचरी का बीमार बेटा बुधुआ चारपाई पर लेटा हुआ है। बुधुआ का बेटा हरुआ चारपाई के नीचे पेट के बल लेटा खिलौने से खेल रहा है। सनीचरी की बूढ़ी सास सोमरी गुदड़ी से लिपटी सोई है।]

सोमरी : रोटी दे। अरी ओ सनीचरी, रोटी दे न।

[सनीचरी चक्की चलाती रहती है। सोमरी धीरे-धीरे सोई हुई, सनीचरी की तरफ घूमती है।]

सोमरी : ससुरी तेरे कान में कीड़ा घुस गिया है का ?

[सनीचरी चक्की चलाती रहती है। बुधुआ खाँसता है, करवट बदलता है। सोमरी धीरे-धीरे उठकर बैठती है।]

सोमरी : अरी ओ डाइन, काहे भूखा मारती है ? रोटी दे न।

सनीचरी : परबतिया आएगी तो पकाएगी।

सोमरी : कब आएगी ?

सनीचरी : हमको नहीं मालूम।

सोमरी : आटा तो है, तू ही बना दे न।

सनीचरी : तो रोटी कउन पकाएगा ? दूसरे का आटा से इनको रोटी बना दें। पिसाई मिलेगा तो रोटी बनेगा।

[बुधुआ जोर-जोर से खाँसता है।]

सनीचरी : बुधुआ, अरे ओ बुधुआ। परबतिया आई नहीं अभी तक ?

बुधुआ : आ जाएगी, चिन्ता काहे करती है ?

सनीचरी : कितना मना किया हाट न भेजो, न भेजो। अब दिन भर मँडराती रहेगी।

बुधुआ : घर में बैठकर का करती ?

सनीचरी : काहे हम घर बैठकर चक्की नहीं चलाते, गोबर नहीं पाथते, जंगल से लकड़ी काटकर नहीं लाते ? ई कहो कि उसका दीदा ही नहीं लगता घर में।

बुधुआ : तू तो सब जानती है अम्मा। हाट जाती है, सब्जी से पैसे चुराकर अंट-संट खाती है।

सनीचरी : हाँ कह दे-कह दे खाने को नहीं देते ?

बुधुआ : उसकी भूख बहुत बड़ी है, अम्मा।

[बुधुआ करवट बदलता है]

सोमरी : न वो राँड़ आएगी न रोटी पकेगी।

[सनीचरी सोमरी को घूमकर कड़ी निगाहों से देखती है, फिर चक्की पीसने लग जाती है]

बुधुआ : *(खाँसते हुए)* अम्मा, ओ अम्मा, परबतिया कह रही थी कि लछमन सिंह के यहाँ काम पर जाएगी।

[चक्की रुक जाती है।]

सनीचरी : *(बुधुआ को देखकर)* नाहीं।

बुधुआ : काहे ?

सनीचरी : हमसे पूछता है काहे ? जवान औरत जब लछमन सिंह के यहाँ काम पर जाती है, तो सीधे रंडी टोला में जा के बैठती है।

[बाहर से किसी बच्ची की आवाज सुनाई पड़ती है।]

बच्ची : चाची ओ चाची, चार कंडा लेई लें *(सनीचरी जवाब*

नहीं देती। चक्की चलाती रहती है) अम्मा जलावन के लिए माँगी है।

सनीचरी : पिछले हफ्ता तुम्हरी अम्मा ने चार सेर चना पिसवाय लिया। पइसा दिया, न पिसाई, कंडा माँगने चली आई।

बुधुआ : दे दे न अम्मा।

सनीचरी : जारे हरुआ गिनकर चार कंडा देई दे।

[बच्चा चारपाई के नीचे से निकलकर जाता है। गिनकर कंडे देता है। बच्ची हरुआ से उसके खिलौने छीनती है।]

हरुआ : देख ददिया, हमरा खिलौना छीनती है।

सनीचरी : भाग चोट्टी यहाँ से। जा रे हरुआ अपने बाप के पास बैठ।

[हरुआ जाकर चारपाई पर बुधुआ के पास बैठता है।]

सोमरी : अरे नासपीटी देगी नहीं कुछ।

बुधुआ : *(जोर से खाँसते हुए)* ए अम्मा दे न माई को कुछ।

सनीचरी : का दूँ ? तुम्हरी बहुरिया पसेरी-भर रोटी पका के गई है जो परोस दूँ।

सोमरी : हरामजादी, देखना तेरी लहास को गीदड़ खाएँगे।

सनीचरी : हाँ, मैं हरामजादी हूँ, डाइन हूँ, मेरी लहास को गीदड़ खाएँगे और कुछ बोलना है ?

सोमरी : हाँ बोलना है रोटी दे।

सनीचरी : हाय मोरी मैया।

[अपना सिर चक्की की लकड़ी पर धरती है। फिर उठकर दुगुने वेग से चक्की पीसती है। बुधुआ जोर-जोर से खाँसता है। सनीचरी उठकर बुधुआ को पानी पिलाती है।]

बुधुआ : *(पानी पीकर)* हे भगवान।

सनीचरी : भगवान होते तो तुम्हरी बीमारी हमको लग जाती।

बुधुआ : ऐसा काहे बोलती है, अम्मा। तू जिन्दा रहेगी तो हमरा बेटा जिन्दा रहेगा।

सनीचरी : और हम...।

सोमरी : तू सबको मारकर जिन्दा रहेगी डाइन। ससुर, जेठ, आदमी सबको डकारे बैठी है। अब बेटा को खाएगी।

सनीचरी : ज्यादा बकर-बकर मत करो।

[सनीचरी लोटा घड़े पर रखती है। वापस चक्की पर जाकर बैठती है।]

सोमरी : काहे न करें सनीचर को जनम हुआ सनीचरी, खाएगी नहीं सबको।

सनीचरी : तू कउन-सा सुख पा गई सोमरी ? तू तो सोमवार को पैदा हुई थी। अरे मंगली, बुधनी, बिसरी सबका हाल देख लिया हमने। हम से कोई नहीं पूछता कि खाया कि नहीं। दिन-भर खाऊँ-खाऊँ। जैसे बाप तुम्हरे सौ मन अनाज धर गए हैं। अब एक आवाज़ भी निकाली तो सीधे टेंटुआ दबा देंगे।

[सोमरी सनीचरी को देखती है। फिर धीरे-धीरे घूरकर सो जाती है। सनीचरी चक्की पीसने लगती है। हरुआ चारपाई पर बुधुआ के साथ खेलता है। परबतिया का प्रवेश। बच्चे को चारपाई पर बैठा देखती है। गुस्से में जाकर बच्चे को उठाकर जमीन पर पटकती है।]

परबतिया : बाप हो कि दुसमन ?

सनीचरी : का हुआ ?

परबतिया : का हुआ ? छूत का बीमारी और बच्चा को लगाए बैठे हो छाती से।

सनीचरी : इतना ही दरद है तो हाट में काहे मस्ता रही थी ? सारा घर भूखा बैठा है।

परबतिया : घर भर को खिलाने का ठेका लिया है का ? *(टोकरी उठाकर रसोई की तरफ बढ़ती है)* तरकारी बेचने गए थे हाट माँ।

सनीचरी : तरकारी बेचने गई थी या...। ला पइसा दे।

परबतिया : *(पैसा देती है)* लेओ दुई रुपइया।

सनीचरी : इतना बैगन, इतना मिर्चा और दुई रुपइया। ला देखें

कुछ बच गिया है का ?

[सनीचरी टोकरी पकड़ने के लिए हाथ बढ़ाती है। परबतिया टोकरी पीछे कर लेती है। दोनों में छीना-झपटी। टोकरी के भीतर से रंगीन चुटिया और चूड़ी निकलती है।]

सनीचरी : हाय हाय। घर भर भूखा बैठा रहे और महारानी सिंगार-पिटार करें ? कहाँ से लाई ये चुटिया और चूड़ी ?

परबतिया : बाजार से, अउर कहाँ से।

सनीचरी : पइसा कउन दिया। तरकारी का पइसा से खरीदा। *(बहू चुप)* बोलती काहे नहीं कउन पइसा दिया ?

[सनीचरी आगे बढ़कर परबतिया के बाल पकड़ती है।]

बुधुआ : छोड़ दे न अम्मा।

परबतिया : *(बाल छुड़ाकर)* खबरदार जो हमको हाथ लगाया। दुई रोटी देने का हिम्मत नहीं, साली बाल खींचती है।

सनीचरी : हजार बार खींचूँगी। मरद खटिया पर पड़ा है और साली को रंगीन चुटिया चाहिए।

परबतिया : तुमको मिर्चा काहे लगती है हमरे मरद की अम्मा। मरद...बड़ा आया मरद कहीं का। भर पेट खिला नहीं सकता, बनता है मरद का बच्चा।

सनीचरी : देख परबतिया, साफ-साफ बता दे, ई सब कउन दिया तुझको ?

परबतिया : कोई नहीं दिया। अपना कमाई से खरीदा। लछमन सिंह का लकड़ी चीरा पइसा मिला, ओही पइसा से खरीदा।

सनीचरी : साली, फिर लछमन सिंह के हिंयाँ गई थी। हजार बार मना किया, उस शैतान के हिंयाँ मरने गई थी।

परबतिया : सैतान है तो का हुआ ? मरद तो है। इसकी तरह दिन भर खौ-खौं तो नहीं करता।

सनीचरी : परबतिया आज तू हमरे हाथ से बचेगी नाहीं।

[सनीचरी परबतिया को मारने दौड़ती है। दोनों गुत्थमगुत्था होती हैं। लछमी का प्रवेश।]

लछमी : का हुआ रे सनीचरी ? का हुआ रे परबतिया ?

[परबतिया सनीचरी को देखती है। फिर जाकर टोकरी में चूड़ी और चुटिया रखकर रसोई में चली जाती है।]

लछमी : का हुआ था रे सनीचरी ?

सनीचरी : कुछ नहीं *(हरुआ को उठाकर बुधुआ की चारपाई पर लिटा देती है।)* सब करम का दोष है।

[सनीचरी चक्की के पास आकर बैठती है।]

लछमी : पिसाई हो गिया ?

[सनीचरी लछमी को आटा देती है।]

लछमी : तेरा हिस्सा ?

सनीचरी : परबतिया...ओ परबतिया। *(परबतिया कोई आवाज नहीं देती है)* जारे हरुआ, अपनी अम्मा से परात ले आ।

लछमी : ठहर हम ले आते हैं *(लछमी रसोई में जाती है, परात ले आती है)* ले तेरा हिस्सा। रोटी तो बना नहीं होगा अब तक ? बुधुआ कैसा है।

सनीचरी : हालत ठीक नाहीं।

लछमी : दवा दारू किया ?

सनीचरी : ई रहा दुई रुपइया, इससे नून तेल खरीदें या...

लछमी : तू परेशान मत हो। सब ठीक हो जाएगा, ई ले बिसेसर का माई दिया है। कल सुबह तक पीस देना। *(आटा देती है।)* हम जाते हैं।

सनीचरी : परबतिया   अरी ओ परबतिया।

परबतिया : (भीतर से) का है ?

सनीचरी : नखरा न झाड़, बाहर आ।

[परबतिया पैर पटकती हुई बाहर आती है।]

परबतिया : का है ?

सनीचरी : ई आटा ले जा। रोटी बना।

परबतिया : हमसे रोटी नहीं बनेगी।

सनीचरी : अरी बेसरम, बच्चा भूखा है, आदमी भूखा है तुमसे रोटी नहीं बनेगी तो तुम्हरे बाप से बनेगी ? हिंयाँ रहना है तो काम करना पड़ेगा, समझी।

परबतिया : करवा लो काम। पर आज हम भी कहे देते हैं, जब तक ई जिन्दा रहेगा तब तक हम इहाँ रहेंगे। ईका मरने के बाद एक घड़ी भी हिंयाँ ठहरे तो अपने बाप की बेटी नहीं।

[परबतिया परात लेकर भीतर चली जाती है। सनीचरी उसे जाते हुए देखती है। बुधुआ को देखती है। वापस चक्की में गेहूँ डालकर पीसती है।]

दृश्य - 2

[सनीचरी का घर। सोमरी लेटी हुई है। परबतिया आईने के सामने बैठी केश सँवार रही है। बुधुआ खाट पर लेटा खाँस रहा है। हरुआ परबतिया के पास बैठा है।]

परबतिया : हट्। फिर छुआ हरामी !

सोमरी : आ। बेटा। ! इधर आ। डाइन ! परबतिया, ए परबतिया !

परबतिया : का है ?

सोमरी : उठकर पानी पिला दे बुधुआ को।

परबतिया : हल्ला काहे मचाया है ? उठ रही हूँ।

सोमरी : अरी उठ न। बेटा मेरा मर जाएगा।

परबतिया : कहा न, उठ रही हूँ।

सोमरी : उठ। ए परबतिया ! परबतिया। अरी ओ परबतिया। उठ।

परबतिया : आफत मचाया है।

[उठकर मटकी से पानी निकालकर बुधुआ के पास जाती है।]

परबतिया : *(पानी देते हुए)* लेओ, पीओ, छुट्टी करो हमरी का

हुआ, कब तलक खड़ी रहूँ पीओ न।

[बुधुआ के हाथ से लोटा गिर जाता है। परबतिया भय से पीछे हट जाती है।]

सोमरी : का हुआ रे परबतिया ?

परबतिया : *(लोटा उठाते हुए)* कुछ नहीं, लोटा गिर गया रहे।

सोमरी : *(बड़बड़ाते हुए)* लोटा गिर गया रहे।

[परबतिया दौड़कर पोटली उठा लाती है। घर से भागने की तैयारी में है। तभी बाहर सनीचरी की आवाज सुनाई पड़ती है।]

सनीचरी : (नेपथ्य से) परबतिया, अरी ओ परबतिया, कहाँ मर गई डाइन ?

[परबतिया चौंक पड़ती है। सारा सामान रसोई में फेंक पोंछा उठाकर घर साफ करने का अभिनय करती है।]

सनीचरी : का हुआ, सुना नहीं ?

परबतिया : अपना बेटवा से पूछो न, का हुआ।

सनीचरी : *(बुधुआ के पास जाकर)* का हुआ बेटा, बुधुआ... ए परबतिया, ईकी हालत ठीक नहीं, जा बैद्यजी को बुला ला।

परबतिया : देख नहीं रही मैं काम कर रही हूँ। फिर ई भरी दोपहरिया में हमरा सिर घूमता है।

सनीचरी : अरी जा न, हमरा बेटा को कुछ हो जाएगा।

परबतिया : त हम का करें ? हमसे नहीं जाया जाएगा।

सनीचरी : *(गुस्से से)* तू आदमी है कि जानवर, तेरा बाप तोको एही सिखाया का ?

परबतिया : *(जाते हुए)* हमरा बाप हमको ठीक सिखाया कि मरता का परछाईं से भी दूर रहना चाहिए।

सनीचरी : जा कहाँ रही है, इधर आ, बैठ हियाँ, जब तक हम लौटें यहीं बैठे रहना, हम बैद्यजी को बुला के लाते हैं।

[सनीचरी निकल जाती है।]

[परबतिया अपना सामान लेकर भाग जाती है।]

सोमरी : परबतिया, ओ परबतिया....(हरुआ से) लगता है तेरी माँ हाट चली गई।

हरुआ : माई, रोटी कौन पकाएगा ?

सोमरी : भूख लगी है बेटा ? जा कटोरी में थोड़ा आटा ले आ।

हरुआ : ददिया मारेगी।

सोमरी : न मारेगी। तू जा...

[सनीचरी और बैद्य का प्रवेश।]

सनीचरी : आइए बैद्यजी...आइए।

वैद्य : तुम लोग न दिन देखते हो न दोपहर, जरा भी धीरज नहीं, कहाँ दुपहरिया में भात खाकर आराम करत, ले आई घसीटकर बोल कहाँ है तेरा बेटा ?

सनीचरी : ई रहा, ए बुधुआ उठ बैठ बेटा, बैद्यजी आए हैं।

वैद्य : उतार दे जमीन पर, हमरा पैसा दे।

सनीचरी : का हुआ बैद्यजी ? आप देखे नहीं।

वैद्य : अरे ई मरे आदमी को देखने के लिए, ई मरी दोपहरिया में हमको घसीट लाई।

सनीचरी : का कहते हो बैद्यजी, एक बार देखिए न।

वैद्य : अरे का देखूँ, ई तो मर कर काठ हो गिया है। जल्दी से पैसा निकाल, घर जाकर तनिक आराम करूँ।

सनीचरी : पर आपके पास जाने से पहिले तो साँस ले रहा था, एक बार देखिए न...।

वैद्य : का झमेला है ! मैं का झूठ बोल रहा हूँ। खुद ही हाथ लगा के देख ले, ठण्डा पड़ा है।

सनीचरी : बुधुआ...ए बुधुआ...उठ बेटा।

वैद्य : ऊ नहीं बोलेगा, मर गिया, जल्दी से पैसा निकाल, बेला हो गई, नदी में जाकर नहाना भी पड़ेगा।

वैद्य : ए सनीचरी, ऐसे काहे घूर रही है, पैसा दे हमरा।

सनीचरी : कइसे आदमी हो बैद्यजी। हमरा बेटा खाट पे पड़ा है और तुमको पैसा की पड़ी है ?

वैद्य : देखा, सुना ई डाइन का बात। दू कोस से हल्ला मचा कर घसीट लाई, अब अँगूठा दिखाय रही है,

हम भी कहे देते हैं, जब तक हमरा पइसा नहीं मिलता, हम एक्को इंच नहीं घसकेंगे।

[दूलन, लछमी सहित और पड़ोसियों का प्रवेश।]

दूलन : का हुआ रे सनीचरी ? इतना हल्ला काहे मचाया है ?

लछमी : का हुआ रे सनीचरी ?

सनीचरी : *(रुलाई रोकते हुए)* हमार बुधुआ...

लछमी : का कहती हो, जल्दी से जमीन पर उतारो, बुधुआ रे।

एक पड़ोसी : अरे भैया, सबेरे तक तो ठीक रहा।

पड़ोसी दो : एक बार और देखिए न बैद्यजी।

वैद्य : हम पर भरोसा नहीं है ? जा दूसरा बैद्य को बुला ला।

[बिजुवा तथा कुछ औरतों का प्रवेश]

बिजुआ : का हुआ रे भइया ? अरे ई का ? ई कइसे हो गिया ? जा भौजी लहास ढकने को कपड़ा ले आ, घड़ा फोड़ो भाई...

[औरतों का सम्मिलित स्वर में रोना]

[सभी मर्द बुधुआ की लाश को जमीन पर उतारने के लिए आगे बढ़ते हैं, तभी]

वैद्य : ए, खबरदार जो कोई हाथ लगाया तो। ए सनीचरी, पइसा दे हमरा।

सनीचरी : देखना तू जिस दिन मरेगा तेरी लहास को गीदड़ खाएँगे। देते हैं तुम्हारा पइसा।

[सनीचरी रसोई में जाती है। घबड़ाकर वापस आती है। आले में पैसे खोजती है। लछमी उसके पास जाती है।]

लछमी : का हुआ रे सनीचरी ?

सनीचरी : परबतिया नाहीं दिख रही।

लछमी : का कहती हो ?

वैद्य : का हुआ रे ?

दूलन : का हुआ रे सनीचरी ?

सनीचरी : दूलन सर्वनास हो गिया। परबतिया सब कुछ लेकर भाग गई।

लछमी : अरे नाहीं, एहीं कहीं होगी।

सनीचरी : नाहीं, हमको मालूम है ऊ भाग गई।

वैद्य : का हुआ रहे ?

दूलन : देते हैं बैद्यजी। पर बैद्यजी का पइसा ?

लछमी : ई लो। विदा करो उनको।

दूलन : ई लीजिए बैद्यजी। अभी इतना ही है। बाकी आपके डेरा में पहुँचा देंगे।

वैद्य : अठन्नी ? हमको भिखारी समझा है का ? हमको अच्छी तरह से मालूम था, तुम सब छोटी जातवाले ऐसे ही होते हो आना कभी हमरे द्वार पर। डाइन कहीं की।

[बैद्य निकल जाता है।]

एक औरत : ए सनीचरी। तुम्हरी बहुरिया कहाँ गई ?

लछमी : हाट गई है। और कहाँ ?

दूसरी औरत : हाँ-हाँ, हमको मालूम है कउन से हाट गई है।

तीसरी औरत : मरद पड़ा है खाट माँ, और बहुरिया गई है हाट माँ।

चौथी औरत : ई बखत तो चुप हो जाओ चाची।

तीसरी औरत : अरे कइसे चुप हो जाएँ। दिन भर ऊ चूड़ीवाले के साथ हाट में घूमती रहे।

दूसरी औरत : सनीचरी है ही दुरभागी, ई बखत बहुरिया भी भाग गई।

एक औरत : पत्थर का कलेजा है डाइन का, एक बूँद आँसू नाहीं ?

लछमी : का बक-बक लगाय रखी है ई बखत। धतुआ की बहुरिया ! जा हरुआ को ले जा घर में, कुछ खिला-पिला के सुलाय दो। जा बचवा।

बिजुआ : भौजी कुछ इन्तजाम करो, कब तलक लहास पड़ी रहेगी ?

एक आदमी : संझा हो गई तो मुश्किल होगी चाची।

दूलन : तू परेसान मत हो सनीचरी। हम सब इन्तजाम कर लेंगे। ए नटुआ, जा संकरवा के लेकर लकड़ी ले आ।

(बिजुआ से) बोल अब का का लगेगा ?

बिजुआ : अरे बहुत कुछ करना है। किरिया-करम में खरचा कम लगता है ? मोहन लाल पंडित का दखिना, चूड़ा-दही-गुड़, बछड़ा दान नहीं करना है ?

एक आदमी : इतना सब ?

बिजुआ : और नहीं तो का चौथी के दिन पाँच बामनो को दही-चूड़ा कौन खिलाएगा ? गरीबन का जीना मुश्किल है, पर मरना और भी मुश्किल।

दूलन : तू चिन्ता काहे करती है सनीचरी, घर में कुछ बेचने को है ?

सनीचरी : जो कुछ जमा पूँजी रहा सब परबतिया लेके भाग गई। घर में कुछ नहीं दूलन।

दूलन : एक काम कर। ई चक्की बेच दे।

सनीचरी : चक्की बेच देंगे तो खाएँगे का दूलन ?

[नटुआ का प्रवेश।]

नटुआ : बाँस और लकड़ी का इन्जाम हुई गया, दूलन चाचा।

बिजुआ : अब जल्दी-जल्दी इन्तजाम करो भाई।

[सभी औरतें रोना शुरू कर देती हैं]

लछमी : चार आँसू बहाए ले सनीचरी, जी हल्का हो जाएगा।

दूलन : देर न कर सनीचरी, चक्की भिजवाए दे।

दृश्य - 3

[सुबह का समय। सनीचरी का घर। चारपाई पर बैठकर किशोर हरुआ आईना देखकर बाल सँवार रहा है। सनीचरी बाहर से आती है। पीठ पर भारी बोरा लदा हुआ है। हरुआ को देखकर रुकती है। फिर कोने में जाकर बोरा रखती है। रसोई में जाती है। सूप और परात लेकर आती है।]

सनीचरी : का रे हरुआ काम पर नहीं जाना है का ?

हरुआ : आज काम पे जाने को जी नहीं करता ददिया।

सनीचरी : का हुआ बेटा ?

हरुआ : पेट दरद हो रहा है।

[हरुआ माउथ आर्गन बजाने लगता है।]

सनीचरी : बहाना मत बना। आजकल तेरा दीदा काम में नहीं लगता।

[हरुआ जवाब नहीं देता है। बजाता रहता है।]

सनीचरी : ओ लाटसाहब का नाती।

[हरुआ सनीचरी की तरफ देखता है।]

सनीचरी : हियाँ आओ। *(हरुआ जाता है।)* बैठ। का हुआ ?

हरुआ : अब काम करने को जी नहीं करता।

सनीचरी : अरे इतना चिरौरी करके लछमन सिंह के यहाँ काम पर लगाया अब जी नहीं करता ?

हरुआ : दिन भर गधा के माफिक माल ढोना हमको नहीं सुहाता।

सनीचरी : अरे बेटा, काम न करेगा तो पइसा कहाँ से मिलेगा ? जा बेटा मालिक गुस्सा हुई है।

हरुआ : हम दूसरा काम करेंगे।

[हरुआ उठकर चारपाई पर जाकर बैठता है। बाल सँवारता है।]

सनीचरी : कहाँ से मिलेगा दूसरा काम ? कौन देगा ? देख बेटा हमरा भी उमर हुआ। अब पहिले जैसा मिहनत हम से नाहीं होता है। अब तेरा ही भरोसा है बेटा। सोमरी का हाल देखा न ? कइसा हग-मूत कर मरी। तू का चाहता है हमरा भी उहे हाल होय ?

हरुआ : लछमन सिंह का बेटा हमको जूता से मारता है।

सनीचरी : काम ठीक से नाहीं करेगा तो मारेगा नाहीं ? पइसा काम का मिलता है हराम का नहीं।

हरुआ : *(खड़ा होकर)* महीना-भर बेगार खटाता है और देता है बीस ठो रुपइया।

[हरुआ माउथ आर्गन बजाने लगता है।]

सनीचरी : ऐ बाजा रख। इधर आ।

[हरुआ बाजा रखकर सनीचरी के पास जाता है।]

सनीचरी : बैठ यहाँ। खुराकी नहीं देता है ?

हरुआ : देता है तो का हमको जूता से मारेगा ? गाली-गलौज करेगा ?

सनीचरी : गरीब का कपार में मालिक का लात ही बदा है। जा बेटा काम पे जा।

हरुआ : ठीक है जाते हैं। पर ददिया हमको हाट से एक ठो

रंगीन गंजी चाहिए।

सनीचरी : ठीक है पगार पाने पर खरीद लेना। अभी जा।

[हरुआ उठकर काम पर जाने के लिए तैयार होता है। आईने में फिर बाल सँवारता है। बिजुआ नाई का प्रवेश।]

बिजुआ : का भौजी, का चल रहा है ? *(हरुआ से)* ठीक हो न बबुआ ?

[हरुआ रसोई में चला जाता है।]

सनीचरी : दिखता नाहीं, आराम से हलुआ पूड़ी उड़ा रही हूँ। *(दाल झाड़ते हुए)* तू सबेरे-सबेरे कउन मतलब से आया है ?

बिजुआ : काहे, तू भऊजी हो हमरी। बिना मतलब के नहीं आ सकते ?

सनीचरी : खचड़ा बुढ़वा, तेरा आदत नहीं गया। सीधे बोल, का बात है ?

बिजुआ : अरे जरा सुस्ताने दे।

हरुआ : *(तैयार होकर)* ददिया भूख लगी है, कुछ खाने को है तो दे।

सनीचरी : बेटवा अभी तो कुछ नहीं है।

हरुआ : हमको भूख लगी है। खाली पेट काम करेंगे जाय के ?

सनीचरी : घर में तो कुछ नाहीं दाल भड़ाई होगा आटा मिलेगा फिर कुछ बन्दोबस्त होगा। ई ले चवन्नी। जाते बख्त हाट से कुछ खरीद के खाय लेना।

[सनीचरी उठती है। आँचल से पैसा निकाल कर हरुआ को देती है। हरुआ जाने लगता है।]

सनीचरी : ठहर बेटा।

[सनीचरी उठकर हड़िया के पास जाकर धागे का ताबीज निकालती है। हरुआ के पास जाकर उसके गले में पहनाती है।]

हरुआ : ई का है ?

सनीचरी : मोहनलाल के पास से तुम्हरे बास्ते लाये हैं।

हरुआ : ई सब हम नहीं पहनेंगे।

सनीचरी : ना बेटा, सिवजी का भभूत है। पहन ले।

हरुआ : धत् सब खराब कर दिया।

[सनीचरी ताबीज पहनाकर हरुआ के सिर को सहलाती है। बाल खराब होने पर हरुआ फिर आईना लेकर बाल सँवारता है और जाने लगता है।]

सनीचरी : सुन बेटा, हाट में बड़े-बड़े सींगवाले बैल होते हैं। सम्भल कर चलना बेटा।

हरुआ : ठीक है। *(जाने को होता है।)*

सनीचरी : और सुन, चोर उचक्कन से एकदम बच के रहना बेटा।

हरुआ : ठीक है।

सनीचरी : सिकरेट-बीड़ी एकदम न छूना।

हरुआ : ठीक है, ठीक है।

[हरुआ खाट पर से माउथ आर्गन लेकर बाहर निकल जाता है। सनीचरी आकर फिर बैठती है। सूप हाथ में लेती है।]

सनीचरी : बोल बुढ़वा, का बात है।

बिजुआ : अरी ठहर बुढ़िया, काम के लिए तो सारा जिन्नगी पड़ा है। पहिले एक जब्बर खबर सुन।

सनीचरी : का ?

बिजुआ : पिछला हपता टोहरी गए थे।

सनीचरी : त कउन-सा नया बात है। बहुरिया का मरने के बाद तो रोज का चक्कर है।

बिजुआ : अरी सुन तो। उहाँ टेपरी रंडी टोला में परबतिया से देखा हुआ।

सनीचरी : त हमको काहे सुनाता है ?

बिजुआ : अब का बताए भउजी   तुमसे भी जियादा बुढ़ाय गई है। पहिले तो पहचाने में न आई। फिर...।

सनीचरी : देख बिजुआ। ऊ चाहे रंडी टोला में बैठे चाहे कोई

का घर बसावे। तू काहे परेसान होता है। काम की बात कर।

बिजुआ : हाँ...हाँ...हम तो अइसे ही कह रहे थे। दरअसल लछमन सिंह का भतीजा रतन सिंह का तिलक है। नाते-रिश्तेदारों का मेला लगा है। ढेर सारा गेहूँ, दाल का पिसाई करना है। इसलिए मालिक बुलाये हैं।

सनीचरी : का मिलेगा ? ढेर सारा पिसाई करके मुट्ठी-भर अनाज लेइ के नाहीं लौटेंगे हम।

बिजुआ : अरे नहीं भउजी। एक दिन का नाहीं, पाँच-छह दिन का काम है। मालिक तुझे खुस कर देंगे।

सनीचरी : त बुढ़वा तेरा भी पाँचों उँगली घी में।

बिजुआ : और नहीं तो का। देवर अउर भउजी दोनों के पौ बारह।

[दोनों हँसते हैं।]

सनीचरी : अच्छा, लछमन सिंह के यहाँ तिलक है ! हरुआ तो नहीं बोला कुछ।

बिजुआ : कौन ? तोरा नाती ? ऊ कइसे जानेगा ?

सनीचरी : काहे ? ऊ लछमन सिंह के गोदाम में काम करता है।

बिजुआ : हम तो इधर बराबर जाय रहे उको तो नाहीं देखे ?

सनीचरी : का कहते हो बिजुआ ? हरुआ लछमन सिंह के यहाँ नहीं जाता ?

बिजुआ : ओ भउजी, मालिक का हर आदमी आजकल तैयारी माँ जुटा है। कसम तोहरी हम तो एक दिन भी नाहीं देखे।

सनीचरी : त काम का बहाना करके ऊ जाता कहाँ है ?

बिजुआ : हाट में लफंगन के साथ मस्ती करता होगा अउर का ?

[सनीचरी चुप हो जाती है। दबा हुआ गुस्सा।]

बिजुआ : इ चढ़ती उमर का समय बहुत खराब होता है भउजी। लगाम को हमेशा कस के रखना चाहिए।

(उठता है) जाते हैं भउजी, संझा को लछमन सिंह के यहाँ चली आना। कुछ पइसा मिलेगा तो तेरी फिकिर कम होगी।

[निकल जाता है। सनीचरी अनमनी-सी सूप झाड़ने लगती है।]

दृश्य - 4

[शाम का समय। सनीचरी का घर। लछमी दोनों हाथों से एक बोरा पकड़े झुककर खड़ी है। सनीचरी पौना से दाल नापकर बोरे में डाल रही है। मिसरी खड़ी होकर देख रही है। धतुआ की पत्नी बैठी बच्चे को थपकी देकर सुला रही है।]

मिसरी : एक पउआ, दुई पउआ, तीन पउआ, चार पउआ... ई हो गया नौ सेर। एक पउआ, दुई पउआ, तीन पउआ अरे ई का एक पउआ कम। हम तो पूरा दस सेर देई गए थे।

सनीचरी : हाय मैया ? एक पउआ कम देकर कहती हो पूरा दस सेर देई गए थे ?

मिसरी : हाय राम चोरी और सीना जोरी। दाल हज़म करके नखरा झाड़ रही हो ?

सनीचरी : सुना ई मिसरिया का बात। काहे हम ई चुड़ैल का काम करने गए थे ?

मिसरी : ए सनीचरी जबान सम्भाल के बोल, चुड़ैल बोला तो

जीभ तुम्हरी खींच लेंगे।

लछमी : काहे झंझट मचाय रही हो ? अपना दाल ले जाओ और ईका झड़ाई दे जाओ।

मिसरी : काहे दे जाए ? दुई पउआ पहले ही हजम कर गई। अब काहे दे झड़ाई ?

सनीचरी : हमरा घर में खड़ा हुई के हमरी बदनामी करती है। सनीचरी को सारा गाँव जानता है।

[लछमी से बोरा लेकर मिसरी के हाथों में देती है।]

ले जा अपना बोरा, आगे से कदम रखा तो कपार तुम्हरा फोड़ देंगे।

मिसरी : हमरा कपार फोड़ेगी ? तुम्हरी दुई आँख फोड़कर कुआँ में नहीं धकेल देंगे। डाइन कहीं की *(भाग जाती है।)*

लछमी : सबका नाक में दम कर दिया ई चुड़ैल ने।

धतुआ की पत्नी : देखो चाची, तुम्हरा हिस्सा भी नहीं दे गई।

सनीचरी : अरे थूकते हैं उसके हिस्से पर। आजकल कोई पर भरोसा नाहीं किया जा सकता।

[सनीचरी दाल का सूप उठाने के लिए बढ़ती है। दूलन का प्रवेश।]

दूलन : का हुआ सनीचरी ?

सनीचरी : कुछ नाहीं, बैठो दूलन।

दूलन : *(लछमी के पास जाकर)* ले ई अजवाईन धतुआ को पीस के पिला देना।

लछमी : धतुआ की बहुरिया ईधर आ लेई। *(अजवाईन देती है)*

[सनीचरी चारपाई बिछाने के लिए बढ़ती है।]

धतुआ की पत्नी : जाते हैं चाची।

[निकल जाती है।]

दूलन : *(बैठकर)* का बात है सनीचरी, बहुत परेशान हो ?

सनीचरी : कुछ नाहीं !

दूलन : ई हरुआ आजकल काम पर नहीं जाता है। का बात

है सनीचरी ?

सनीचरी : बिजुआ भी ऐही बताए रहा था।

दूलन : हम तो खुद अपनी आँख से देखे, मैजिक पार्टी के लफंगन के साथ घूमत रहे।

लछमी : हाय राम। ई तो बड़े बदमास होत हैं। हरुआ को कुछ जादू टोना कर दिए तो।

सनीचरी : आज आए दो घर माँ...टाँगे न काट कर धर दिया तो हमरा नाम भी सनीचरी नहीं। और तुम्हरा भी बलिहारी है दूलन, जब देखा दुई झापड़ काहे न लगा दिया ?

लछमी : अब लड़का सयाना हुआ। जहाँ-तहाँ हाथ तो नहीं उठाया जा सकता।

[नटुआ दुसाध का प्रवेश। हाथ में तरकारी की टोकरी।]

नटुआ : राम-राम दूलन चाचा।

सनीचरी : कितना बिकरी हुआ ?

नटुआ : भिंडी का बिकरी बढ़िया रहा, पर मिरचा थोड़ा रह गिया।

लछमी : *(टोकरी में झाँककर)* थोड़ा कहाँ, बहुत मिरचा रह गिया है।

सनीचरी : जा भीतर रख दे।

[नटुआ भीतर टोकरी रखकर आता है।]

नटुआ : लेओ ई चार रुपिया अस्सी पइसा।

सनीचरी : केवल चार रुपिया अस्सी पइसा ?

नटुआ : अउर का ?

सनीचरी : देख नटुआ तू हिसाब में बहुत गड़बड़ी करता है।

नटुआ : गड़बड़ी ? अरे इतना विश्वास नहीं तो कल से किसी और को पकड़ लेना। हमसे नहीं जाया जाएगा।

दूलन : देख हरामी, तेरा सब चालाकी हमको मालूम है। निकाल पूरा पइसा।

नटुआ : देखो चाची, दूलन चाचा कइसा बात बोलते हैं ?

लछमी : का संझा का समय बेकार का झगड़ा कर रहे हो ?

नटुआ : *(सनीचरी से)* हमरा पइसा दो।

सनीचरी : ई ल दु रुपिया, कल भोरे-भोरे आ जाना।

नटुआ : उ तो आएँगे ही। नटुआ दुसाध नहीं रहता तो तोहरी सब तरकारी सड़ती रहती। हमको चोर बताती है।

[निकल जाता है।]

सनीचरी : सच ई नटुआ दुसाध नहीं रहता तो हमरी सारी तरकारी बरबाद हुई जाती। कईसा सौक से बुधुआ का बाप सब गाछ लगाया था।

[माउथ आर्गन बजाते हरुआ का प्रवेश। जाते हुए ही घूरकर दूलन को देखता है। सनीचरी सूप रखकर उसे गुस्से से घूरती है।]

सनीचरी : काहे लाट साहेब, कहाँ रहे दिन भर ?

हरुआ : काहे ? गुदाम में काम कर रहे थे।

सनीचरी : कितना बोरा ढोया ?

हरुआ : एही कोई बीस पच्चीस...

[रसोई की तरफ भागता है।]

सनीचरी : एक झूठ बोला तो जीभ खींचकर हाथ में धर दूँगी। हरामी कहीं का।

[सनीचरी बोलते-बोलते उठकर खड़ी हो जाती है।]

हरुआ : हुआ का ?

सनीचरी : आज दस दिन से काम पर नहीं जा रहा है और पूछता है हुआ का ?

हरुआ : *(दूलन को टेढ़ी निगाहों से देखकर)* कउन साला चुगली किया कि हम काम पर नहीं गिया।

सनीचरी : हम कहते हैं तू काम पर नहीं जाता है।

हरुआ : हाँ नहीं जाता उ सब काम हमको नहीं सुहाता। पगार भी ठीक से नहीं ऊपर से जुतमबजार। कउन काम करेगा उहाँ ?

सनीचरी : अरे सुअर की औलाद, लछमन सिंह तेरा बाप का बहनोई है जो बैठे-बैठे खिलाएगा तुमको ?

हरुआ : हमको लछमन सिंह के हियाँ नहीं जाना है।

सनीचरी : हाँ, हाँ तुमको तो मैजिक पार्टी बालन के संग घूमना है।

हरुआ : हाँ, घूमना है।

सनीचरी : देख हरुआ। कल से काम पे नहीं गया तो घर से निकाल दूँगी।

हरुआ : अरे तू का निकालेगी   हम खुदै चले जाएँगे।

सनीचरी : जा, अभी निकल जा।

हरुआ : जरूर जाएँगे। पेट भर खाना नहीं देती ऊपर से हुकुम झाड़ती है।

सनीचरी : का कहा ? हम खाने को नहीं देते ? जिनगी भर सबको खिलाया। अपना जिन्नगी बरबाद किया और तू कहता है हमको खाना नहीं देती।

हरुआ : हाँ नहीं देती   किसी को नहीं देती। माई को भूखा रखा। हमरी अम्मा को भगा दिया। हमरे बाप को मार डाला।

सनीचरी : हरुआ *(हरुआ की माउथ आर्गन छीनकर फेंक देती है।)*

हरुआ : *(माउथ आर्गन उठाकर)* हमरा बाजा काहे फेंका ?

दूलन : ददिया से अईसे बात करते हैं।

हरुआ : हाँ...हाँ...करते हैं। तू कउन होता है चुगलखोर बुड्ढा। ई तो डाइन है   सबको खा गई   अब हमको भी खायेगी।

[सनीचरी गुस्सा हो जाती है। दौड़कर डंडा उठा लाती है। हरुआ को मारने लगती है।]

सनीचरी : हरामजादा   हमको डाइन कहता है। एकदम महतारी का सरूप। हमें डाइन कहता है।

[दूलन और लछमी दोनों सनीचरी को पकड़ते हैं। भागमभाग में दाल गिर जाती है।]

सनीचरी : निकल हियाँ से। एकदम निकल जा।

हरुआ : *(आँख में आँसू भरकर)* जाते हैं। अब कभी नहीं आएँगे। तू हमको खिला नहीं सकती तो मारती काहे

है ? सबको खा गई डाइन। अब कभी नहीं आएँगे, रहना अकेले।

[हरुआ निकल जाता है। दूलन उसे पकड़ता है।]

दूलन : ए हरुआ सुन।

हरुआ : *(दूलन को धकियाकर)* हट साला हरामी।

[हरुआ चला जाता है। दूलन लौटकर आता है।]

दूलन : ई तू ठीक नहीं किया सनीचरी। सयान लड़कन के बदन पर हाथ नहीं उठाना चाहिए।

लछमी : समझाय देती उ को मारा काहे ? सचमुच उ चला गया तो ?

दूलन : हमको तो आसार ठीक नहीं लग रहा।

लछमी : तो सोच का रहे हो ? जाओ मना के लाओ।

[दूलन चला जाता है।]

लछमी : *(सनीचरी चुप)* चलती हूँ। देखूँ बहुरिया अकेली का कर रही है। तू दिया-बाती जला दे।

लछमी : तू दिया-बाती जला दे।

[लछमी चली जाती है। सनीचरी धीरे से डंडा उठाकर उसे लकड़ी के गट्ठर की तरफ फेंकती है। धीरे-धीरे सूप के पास जाती है। गिरी हुई दाल को उठाकर सूप में रखती है।]

दृश्य - 5

[शाम का समय। पीछे मेले का कोलाहल। स्त्री पुरुषों का एक झुण्ड पीछे बैठा खा-पी रहा है। एक मिठाईवाला उनके पास बैठा उन्हें मिठाई दे रहा है। एक बच्चा गाड़ी चला रहा है। एक पेड़ के कट-आउट पर बैठी बिखनी केला खा रही है। कुछ लोग रास्ते से आयेंगे जायेंगे। गाड़ी वाला बच्चा बिखनी को खड़ा होकर देखता है। बिखनी उसे भगाती है। बच्चा बिखनी को मुँह चिढ़ाता है।]

बिखनी : *(झुण्ड में बैठी औरतों से)* ऐ सम्भालो अपने बेटा को *(बच्चा उनके पास जाकर बैठता है।)*

मिठाईवाला : *(झुण्ड के लोगों से)* आउर कुछ लेना है।

लोग : नहीं, नहीं।

[मिठाईवाला उठकर जाने लगता है। बिखनी उसे बुलाती है।]

बिखनी : ए ईधर आओ   उतारो, देखें का है तुम्हरे पास ?

मिठाईवाला : लेना है न, खाली देखना है ?

बिखनी : पहिले देखेंगे तभी न खरीदेंगे।

[बिखनी केले का छिलका फेंकती है। मिठाईवाला उसे देखता है। मिठाई का बक्सा उतारता है। बिखनी एक मिठाई निकालकर उसे सूँघती है]

मिठाईवाला : ए बुढ़िया, सूँघती काहे को है ?

बिखनी : बुढ़िया होगी तुम्हारी अम्मा। बासी मिठाई दिखाकर हमको बेवकूफ बनाता है।

मिठाईवाला : बासी ? अरे आज भोर में ही तो बनाया और तुम ईको बासी कहती हो काकी ?

बिखनी : हाँ, बोलो कइसे दिया ?

मिठाईवाला : रुपिया में चार ठो।

बिखनी : कईसा डाकू है तु रुपिया में चार ? छह ठो देना है तो दो।

मिठाईवाला : नहीं होगा।

बिखनी : लाओ एक रुपिया का देओ।

[मिठाईवाला पत्ते के ठोंगे में पाँच मिठाई देकर रुपया लेकर चला जाता है। बिखनी ठोंगा पोटली में डालकर केला खाती रहती है। मेला से थकी हुई सनीचरी आती है। सिर पर लकड़ी का गठरी, केले पर पैर फिसलकर गिर पड़ती है।]

सनीचरी : हाय मैया।

[बिखनी खिलखिलाकर हँस पड़ती है। पीछे बैठे लोग भी हँसते हैं। सनीचरी उठकर खड़ी होती है।]

सनीचरी : काहे हरामजादी, रास्ता तेरे बाप का है जो छिलका फैलाए रखी है ?

बिखनी : नाहीं तेरे खसम का है। तुझे आँख से नहीं सूझता।

सनीचरी : साली कुतिया, एक तो गलती करती है ऊपर से धौंस जमाती है ?

बिखनी : कुतिया होगी तू और तेरी अम्मा। साली मटकती हुई आएगी तो गिरेगी नहीं ?

सनीचरी : सुना राँड़ की बात को ? खाय के छिलका इधर-उधर फेंकेंगी तो आदमी गिरेगा नहीं ?

बिखनी : गिरे हमरी बला से। हम तो केला खाएँगे और छिलका फेंकेंगे।

[केले का छिलका सनीचरी पर फेंकती है।]

सनीचरी : ठहर राँड़ बताती हूँ तुझे।

[सनीचरी दौड़कर बिखनी के पास जाती है। उसे पकड़ती है। दोनों गुत्थमगुत्था हो जाती हैं। दोनों एक दूसरे को गाली बकती हैं। अचानक बिखनी के हाथगुदने पर सनीचरी की नजर पड़ती है।]

सनीचरी : *(बिखनी के चेहरे की तरफ देखकर)* अरी तू तो काली कमली है।

बिखनी : का बोली ?

सनीचरी : तू तो बिखनी है काली कमली।

बिखनी : तू-तू-तू कउन है ?

सनीचरी : अरी हम सनीचरी। टोहरी वाली सनीचरी।

बिखनी : सनीचरी ! पीपरतला के पास मगरा चाचा की बिटिया सनीचरी।

सनीचरी : हाँ रे सनीचरी।

बिखनी : तू इतने सालन बाद यहाँ मेला में ? तेरी तो टहाड़ गाँव में शादी हुई थी न ?

सनीचरी : हाँ, अउर तू ?

बिखनी : जुजुभातु में।

सनीचरी : तू कितना बदल गई है। एकदम बुढ़ाय गई है।

बिखनी : बुढ़ाएगी नहीं। उमर नहीं भयी। अपने को देख, तू भी तो एकदम बुढ़ाय गई है। अरी हाँ, तुझे काली कमली अब तलक याद है ?

सनीचरी : रहेगा नहीं। काले कम्बल की घघरिया पहन कर कइसे गटर गटर घूमती रहती थी।

बिखनी : और तेरा बिलैया जईसा नाखून था। सबको नोचती रहती थी।

सनीचरी : धत् झूठी कहीं की, कहाँ है नाखून, ले देख।

बिखनी : निगोड़ी हमरा काला कम्बल का घघरिया भी तो नहीं है।

[बिखनी बोलते-बोलते पेड़ के कट-आउट पर बैठती है। दोनों हँसती हैं।]

बिखनी : तू हियाँ मेला माँ कईसे ?

सनीचरी : नाती को खोजने।

बिखनी : का हुआ तोरा नाती को ?

सनीचरी : अरे छोड़, ऊ लम्बा कहानी है।

बिखनी : लगता है भोरे-भोर निकली है। पेट में कुछ पड़ा नाहीं।

सनीचरी : नाहीं ऊ मेला माँ...

बिखनी : चुप झूठी, चल बैठ कुछ खा ले।

[दोनों बैठती हैं। बिखनी पोटली से रोटी निकाल कर सनीचरी को देती है।]

सनीचरी : ना ना हम नहीं खाएँगे।

बिखनी : हरामजादी, हमसे शरम। ले खा।

सनीचरी : तू भी खा न...।

बिखनी : हम तो बहुत खाए हैं। पेट एकदम भरा है। ई बता तोरा घर में कउन-कउन है ?

सनीचरी : एकदम इकल्ली।

बिखनी : हाय दैया इकल्ली काहे, तोरा मरद, बच्चा ?

सनीचरी : अरी हमरी बात छोड़। तू बता तोरा तो लुहार से शादी हुआ था न ?

बिखनी : हाँ। अरे तू अपना पोता का बात बता न।

सनीचरी : ऊ का छोड़ के हमरा दुनिया माँ कोई नाहीं बिखनी। सास, ससुर, मरद, बेटा सब एक-एक करके चले गए। बस ऊ एक पोता ही सहारा था। ऊ भी लड़-झगड़ के मैजिक वालन के साथ भाग गया। वो ही को खोजने मेला माँ आए थे।

बिखनी : अरी सनीचरी, ई सब करम का दोष है।

सनीचरी : अरी हमरी छोड़, तू अपनी सुना।

बिखनी : अरे अपनी का सुनाएँ हमरा हाल भी तेरे ही जैसा। एक ही बेटा हमरा कितना मानत के बाद पैदा हुआ। बेटा गोद में रहा तभी आदमी को गेहुँअन साँप खा लिया। ऊ का बाद दूसरे का बछिया पाल के चार-चार ठो अपना गाय किया, दु ठो दुधारू बकरी किया। लड़का को पाला पोसा, ऊ का शादी किया।

सनीचरी : कहाँ ?

बिखनी : लोहारदगा। हमरा समधी का पइसा है। बियाह के बखत महाजन से करजा लेके सगरे गाँव को दही चूड़ा खिलाये।

सनीचरी : फेर ?

बिखनी : फेर का ! करजा के बदले महाजन घर दुआर सब हथिया लिया। फुटे भाग हमरे, ससुर का पइसा से लुभाय के लड़का हमरा घरजमाई बन गया।

सनीचरी : तू समझाई नहीं ?

बिखनी : अरे बहुत समझाया कि बिटवा ई सब गाय बछिया बेच के महाजन का करजा उतार देगे। उलटे डाकू बिटवा हमरा गाय बछिया लेइ के ससुराल भाग गया।

सनीचरी : हाय दैया।

बिखनी : हम भी हैं काली कमली। कम खवड़ी थोड़े ही हैं ? दोनों बकरी चुराये के मेला में बेच दिया। नगद 32 ठो रुपिया मिला ऊ का लेई के निकल पड़े।

सनीचरी : अब कहाँ जाएगी ?

बिखनी : उपर वाला जहाँ लेई जाय। तेरा कहने को बेटा नहीं है। हमरा होके भी अपना नहीं। अब चली जाइगी डालटनगंज गोमो बोकारो टेसन पर भीख माँगूँगी।

सनीचरी : भीख माँगेगी ?

बिखनी : अऊर का।

[एक छोटा बच्चा दौड़ के आता है। दोनों के बीच खड़ा होके भोंपू बजाता है।]

बिखनी : भाग हरामी। *(लड़का भाग जाता है।)*

सनीचरी : न जाने कउन भाग लेई के जनम लिये रहे। मरद न होय तो औरत का बहुत बुरा हाल होता है। एक काम कर, तू हमरे साथ चल बिखनी।

बिखनी : कहाँ ?

सनीचरी : हमरा घर माँ।

बिखनी : ना ना तोरा घर माँ हम का करे जाएँगे ?

सनीचरी : चल न अकेले कोठरी भांय-भांय कर रही है। दुनो जने साथ रहेंगे।

बिखनी : ना ना, हम न जाएँगे।

सनीचरी : अब नखरा मत झाड़। चल न, चल।

बिखनी : त ठीक है चल। पर ई 30 ठो रुपिया रख ले।

सनीचरी : अपना रुपिया तू अपने पास रख। सनीचरी अभी भी अधपेटी कमाय लेती है।

बिखनी : तू न रखेगी तो हम नहीं जाएँगे।

सनीचरी : ठीक है। *(पैसा लेकर रखती है)* अब चल।

बिखनी : चल। *(दोनों अपना सामान उठाती है)* अउर तोरा घर माँ पानी का सुख है न ?

सनीचरी : चल न। ढेर सुख है। पूरा नदी बहती है।

[दोनों जाने लगती हैं।]

बिखनी : पर आज रात नतनी की याद बहुत आएगी।

सनीचरी : चल न। धीरे-धीरे सब भूल जाएगी।

दृश्य - 6

[सनीचरी का घर। शाम का समय। धुली हुई कथरी खटिया पर झूल रही है। घर साफ-सुथरा करीने से सजा हुआ। स्टेज के बीचोबीच बिखनी पीढ़े पर बैठकर गुनगुनाती हुई सनीचरी के सर पर तेल लगा रही है।]

बिखनी : अरी निगोड़ी सर का का हाल किया है रे ? जुअन की खेती बनाये रखी है।

सनीचरी : अब का बतावें। दिन-रात किलबिल किलबिल इन जुअन के मारे रातन की नींद हराम हुई गई है बहिनी।

बिखनी : अरी तू तो बचपन से ही बड़ी गन्दी रहती थी। बड़ा-बड़ा नाखून बिना तेलपट्टी का बाल।

सनीचरी : और तेरा काला घघरिया। छिः-छिः ऊ का बास से कुत्ता भी भागता रहे। कितना तेल खरच कर दिया रे बिखनी ?

बिखनी : सीधे बैठ कलमुँही। तेल लगाने दे। ला कंघी दे।

सनीचरी : पास देख, कोई आला में रखी होगी।

[बिखनी उठकर कंघी लेने जाती है।]

सनीचरी : सजने-धजने का बखत कहाँ मिला बिखनी। जिन्दगी भर चूल्हा-चक्की और बाहर का काम-धन्धा। हमरा जैसा हालत माँ पड़ती तो पता चलता।

बिखनी : और हम जैसा राजरानी बनकर मालपुआ उड़ाती रही। अरी औरतन का भाग ही ऐसा होता है।

[बिखनी आकर फिर पीढ़े पर बैठकर सनीचरी के बाल सँवारने लगती है।]

सनीचरी : बहुरिया हमरा तनिक ढंग की होती तो हमरा ई हाल नहीं होता। एक हाथ से सास-ससुर का गू-मूत साफ किया और दूसरे हाथ से बुधुआ का देखभाल किया। हमरा बुधुआ नहीं रहा। बहुरिया भाग गई तो पोता को पाला-पोसा। काम ही काम में हमरा जिन्नगी गुजर गई।

बिखनी : रोते-कलपते तोरा जिन्नगी गुजर गई।

सनीचरी : अरे भवानी रोने का बखत कहाँ मिला। एक-एक करके सब गुजर गये। सास, ससुर, जेठ, जेठानी, हमरा आदमी और हमरा बेटवा। हमरा आँख से एको बूँद आँसू भी नाहीं गिरा। सबको खाने के लिए जइसे हमरा जनम हुआ है। सब हमको डाइन कहते हैं।

बिखनी : कउन हरामी का बच्चा तू को डाइन कहता है ? ऊ का मुँह नोच लेंगे। तू चिन्ता मत कर सनीचरी सब ठीक हो जाएगा। दफ्तर से खाद लाय के हम फिर से सब्जी लगावेंगे और बाजार जायेके खुदे बेचेंगे।

[बिखनी चोटी बनाना खत्म करती है। सनीचरी को अपनी तरफ घुमाकर देखती है। उसे कुछ खयाल आता है। उठकर गठरी से कुछ निकाल लाती है।]

सनीचरी : ई का है ?

बिखनी : ठहर न *(कान में पहनाती है)* पहिनाने दे। मेला से लाए थे अपना लिए।

सनीचरी : त अपना चीज हमको काहे पहनाती है ?

बिखनी : ले पहिन। देख कितना निक लग रहा है।

सनीचरी : भक साली।

बिखनी : नखरा मारती है। *(उठकर आईना लाती है)* ले देख।

[सनीचरी आईना देखती है। अनमनी होकर उसे वापस कर देती है। बिखनी कंघी रखने जाती है।]

सनीचरी : जिन्नगी में पहली बार हमको कोई कुछ दिया। नहीं नहीं एक बार हमरा मरद भी। ऊ हमको टोहरी का बैसाखी मेला माँ ले गया। खूब लाल पीली हरा चूड़ी पहिनाया, अलता, सेन्नुर खरिदवाय दिया। लेकिन...

बिखनी : का हुआ ?

सनीचरी : दूसरे दिन कुरडा नदी माँ जाकर सारा चूड़ी अलता सेन्नुर सब बहाय दिया।

बिखनी : काहे ?

सनीचरी : शिवाजी महाराज का चढ़ावे का बासी दूध हमरा मरद एक रुपिया माँ खरीद के पिया बस तीन घण्टा के भीतर हैजा माँ तड़पकर सरकारी अस्पताल माँ खतम हुई गवा।

बिखनी : हाय दैया भगवान का परसादी से हैजा ?

सनीचरी : और नाही तो का, गरीबन के भगवान ऐसे ही होते हैं। जानती है बिखनी, हमको अकेला पाय के हमरा मरद का किरिया दुइ-दुइ बार करवाय लिया।

बिखनी : अच्छा।

सनीचरी : हाँ, टोहरी का पंडा हमें बोला यहाँ रह के पहिला पिंड देती जा। हम सवा रुपिया दखिना देके बालू अउर सत्तू का पिंड देई दिए। ई बात पर गाँव का पंचायत माँ खूब हल्ला हुआ। ऊ हरामी मोहनलाल बोला कि टोहरी का बिरामन को टहाड़ का किरिया करम कहा से आवेगा ? ठोक दिया दूसरा किरिया हमरे ऊपर। सगरा गाँव के दही चूड़ा खिलाये

रामोतार से करजा लेई के।

बिखनी : टोहरी और टहाड़ का बामन का अलग-अलग होत है ?

सनीचरी : का जाने सब ठाकुर और बामन का मिलीभगत है। ठाकुर का करजा हमको पाँच साल बेगार खटि के उतारे का पड़ा।

दृश्य - 7

[सनीचरी का घर। सुबह का समय। सनीचरी और बिखनी उकड़ूँ बैठकर रेजगारी (पैसा) गिन रही हैं।]

सनीचरी : बीस अउर बीस चालीस, पाँच पैंतालिस और तीस बारह आना।

बिखनी : तीस नहीं चालीरा।

सनीचरी : कहाँ चालीस, धत् तेरे की फिर गड़बड़ाय दिया।

बिखनी : हम गड़बड़ाए तब से अपना उल्टा-सीधा हिसाब कर रही है।

सनीचरी : ठहर ठहर, एक बार फिर से गिनने दे। ई रहा पचास पइसा, ई रहा चालीस पइसा, कुल हुआ अस्सी।

बिखनी : अरी मूरख पचास और चालीस अस्सी होत है ?

सनीचरी : हाँ ! नाहीं नाहीं जरा ठहर *(उँगली पर गिनती है।)* साठ, सत्तर, अस्सी, नब्बे अच्छा नब्बे और तीस तो एक रुपिया बीस होत है न ?

बिखनी : हाँ !

सनीचरी : पाँच और पाँच दस और पाँच पन्द्रह।

[मिसरी का प्रवेश। दरवाजे पर से ही आवाज लगाती है।]

मिसरी : का रे सनीचरी, का होय रहा है ?

सनीचरी : तोरा सादी का मालपुआ बन रहा है। आ खा ले आके।

मिसरी : गुस्सा काहे करती है ? हम तो तोरा सहेली का खबर लेने आये रहे। *(बिखनी को)* केइसी हो बहिनी।

सनीचरी : लैली खबर। अब जाओ।

मिसरी : सुना है तोरा सहेली ढेर सारा रुपइया लाई है।

बिखनी : हाँ कुबेर का खजाना। देखा नाहीं, गिनते-गिनते खतम नाहीं हुई रहा।

मिसरी : खूब मजा उड़ाये रही हो सनीचरी।

सनीचरी : हाँ हाँ खूब मजा। एक काम कर मिसरी, तू अपने मरद को छोड़कर हियाँ बस जा। तीनों जने खूब मौज-मस्ती करेंगे।

मिसरी : काहे अंट संट बकती है सनीचरी। तोरा मन बहुत काला है। हम तो आये थे खबर लेने, उल्टे हमी को दस बातें सुनाये दी।

सनीचरी : भाग हियाँ से, चरखी मारने को तुझे अउर घर नाहीं मिला ? सबेरे सबेरे भाग बेसरम कहीं की।

[मिसरी चली जाती है।]

सनीचरी : एकदम खचड़ी है ई बुढ़िया। सब गड़बड़ाय दिया। *(बैठती है)* पचास और चालीस हुआ...।

बिखनी : बस बस बहुत गिन लिया, छोड़ दे। *(पूरा गिनकर)* कुल मिलाकर दु रुपिया तीस पइसा।

सनीचरी : हाय मैया। केवल दू रुपिया तीस पइसा ?

बिखनी : अऊर कित्ता बचेगा ? तीस रुपिया से जिन्नगी कटेगी ?

सनीचरी : अब का होगा ?

बिखनी : मुस्किल हुई गिया। बगान माँ तरकारी भी नाहीं। ले जा रख आ। *(पैसा देती है)*

सनीचरी : *(पैसा रखने जाती है)* तोरा सब रुपिया हम खरचना कर दिया, बिखनी।

बिखनी : तोरा मोरा का करती है। रुपिया था खरच होय गिया बस। *(सनीचरी के पास जाती है)* तू अभी तलक हमको अपना नाहीं समझी सनीचरी ?

[बाहर से लछमी की चीत्कार।]

लछमी : हाय मर जा हरामजादे। इनको मौत भी नहीं आती। अरे आग लगे तोरा कुनबा में। जिस दिन पकड़ाये न चुल्हे माँ मुँह झोंक दूँगी। अरे भाग काहे गिया हरामी ? हिम्मत है तो सामने आ, आ सामने।

बिखनी : लछमी लगती है।

सनीचरी : *(दरवाजे के पास जाकर)* अरे धतुआ की अम्मा, इतना चिल्लाय काहे रही है ?

लछमी : *(भीतर आकर)* ऊ हरामी हमरा सर्वनास कर जाये अऊर हम बैठे तमासा देखें ? *(बाहर देखकर)* आगे से हमरा अगना में आये न तो पाँव तोड़ दूँगी।

सनीचरी : अरी मरी कुछ बोलेगी भी या ऐसे ही बकती रहेगी ?

[लछमी को भीतर लाती है]

लछमी : कित्ता मेहनत से दाल पीसा, बड़ी मुंगौड़ी बनाये के धूप में सुखाने को दिया और ई हरामी सब चुराये के लेई गए।

सनीचरी : कउन चुराये के लेई गए ?

लछमी : हनुमान जी का नाती। ऊ सब बन्दरवा *(बैठती है)*

बिखनी : बन्दर ? हाय मैया इतना देर तक तू बन्दर के बारे माँ बता रही थी।

[जोर से हँसते-हँसते लछमी के पास बैठती है।]

लछमी : दाँत निकाल के हँसती काहे हो ? ऊ हरामी का दल तुम्हारा तरकारी का बगान बरबाद करता तब बुझाता।

[दूलन का प्रवेश।]

दूलन : राम जी का चेला को काहे गरियाय रही हो ?

लछमी : तुम चुपाय रहो। इतना मिहनत से...।

सनीचरी : अच्छा...बस बस बहुत हुई गया लछमी।

बिखनी : हम तुम्हारा सब बड़ी-मुंगौड़ी बनाये देंगे लछमी।

सनीचरी : *(दूलन से)* ओ दूलन, तुम्हीं हमें मुसीबत से बचाय सकते हो।

दूलन : अब का हो गिया ?

सनीचरी : का बताएँ जमा-पूँजी सब खतम। न हाथ माँ कोई काम, न बगान माँ कोई तरकारी। कल से उपास करना पड़ेगा।

दूलन : इतना काम-धन्धा का रास्ता रहते हुए उपास करेगी ?

बिखनी : रास्ता तो मालिक महाजन का होता है। दुसाध गंजू को तो रास्ता बनाये का पड़ता है।

दूलन : अरे तो बनाओ ना रास्ता। नदी पार देवी का मन्दिर खातिर पक्का सड़क बनि रहा है। धतुआ बताय रहा था कि उसका लिए मजूरन का दरकार है। पहुँचो अपनी सहेली को लेई के और काम शुरू करो।

लछमी : बुढ़ाये पे अकल मारी गई है तुम्हरी।...ई उमर माँ ई लोग पत्थर तोड़ेगी ?

दूलन : तोड़ नाहीं सकती तो उठाये तो सकती है।

सनीचरी : माने...।

दूलन : माने भौर के बखत सन्नाटे में जब सब जने सौवत हो, चुपचाप नदी के तीरे जाय के एक काला पत्थर उठाय लाओ।

बिखनी : काला पत्थर ?

दूलन : अरे सुन तो...ई के बाद ऊ पत्थर के नहलाय धुलाय के ऊ का तेल सिन्दुर से सजाय के टोहरी के हाट में बैठ जाओ।

सनीचरी : फेर ?

दूलन : फेर का ? डुग्गी पिटवाय दो कि महावीर जी सपना माँ तुमको दर्शन दी है। बस देखना भक्तन का मेला लग जाएगा।

बिखनी : बहुत बढ़िया रास्ता बताए हो दूलन। पइसन का ढेर लग जाएगा।

सनीचरी : चुप्प। देवता को लेकर तमासा ? पाप है। जिन्नगी

भर खट के खाया अब बुढ़ाये माँ भगवान को लेकर ठिठोली करेंगे ?

दूलन : अब ठिठोली समझो या तमासा। तुम्हरा तो मन काला-ही-काला है। सब ओर तुमको पाप ही दिखता है।

सनीचरी : काहे ?

दूलन : काहे ? बताता हूँ।...अच्छा तुमको मालुम है लछमन का बुढ़िया महतारी को गठिया का रोग है।

सनीचरी : हाँ ऊ तो है।

दूलन : ऊ मरियल का बुढ़िया हमको दस ठो रुपिया धराय के बोली दूलन भइया हाट से हमको देवी जी का तेल लाय दो। हम बोले ठीक है। पर ऊ बुढ़िया का खातिर हाट कउन दउड़े। दुई दिन बाद अपना घर से तेल लेइ जाय के थमाय दिया। ओ ही तेल लगाय के दुइ दिन माँ बुढ़िया चुस्ती से सारा गाँव फुरफुराय लगी।

बिखनी : जितना झूठा बात सब हम बुढ़िया के सामने।

दूलन : राम कसम जो ऐ माँ एको बात झूठ हो। अरे मन चंगा तो कठौती में गंगा। देख सनीचरी भगवान पेट से बड़ा थोड़े ही होता है। पेट का खातिर सब कुछ करना पड़ता है।

[बदहवास बिजुआ नाई का प्रवेश।]

बिजुआ : ए दूलन भइया दूलन भइया।

दूलन : का हुआ ?

बिजुआ : अरे गाँव माँ इतना बड़ा काण्ड हो गिया। बरोही गिराम का भैरोसिंह का कतल हुई गिया।

औरतें : हाय राम।

दूलन : का कहते हो ?

बिजुआ : हाँ भईया, आज भोर माँ खेत के बीचोबीच, भैरो सिंह का लास मिला। सर धड़ से अलग।

दूलन : ऐं !

बिजुआ : और कतल किया ऊ का बेटा माधो सिंह।

दूलन : सच्ची ?

बिजुआ : गाँव माँ तो ऐही हल्ला है।

सनीचरी : हाय मैया।

बिखनी : का जमाना है। बेटा बाप का कतल करे।

बिजुआ : बड़े लोगन की बातें अलग। पइसा का खातिर माँ बेटा को मारे, बेटा माँ को मारे।

दूलन : अच्छा माधो सिंह पकड़ाया कि नाहीं ?

बिजुआ : धुत पागल हो ? पुलिस पइसा वाले को पकड़ेगा चाँदी का जूता से ऊ लोग कानून, सिपाही, सरकार सबको अपना आण्टी में रखते हैं।

सनीचरी : ऊ भैरो सिंह मरा, तेरा तो भागे खुल गिया, पाँचों अंगुली घी में।

बिजुआ : काहे नाहीं। देखना अब माधो सिंह ऊ का किरिया-करम कितने ठाट-बाट से करता है। अढ़ाई मन चन्दन का लकड़ी, असली घी, धुप सब आय चुका है। मालुम है रंडियों को रोने के लिये बुलाया है।

दुलन : अच्छा ?

बिजुआ : अब हम जाते हैं। मोहनलाल को खबर करना है। बीच में सोचा तुमको भी बताए दें। *(सनीचरी से)* जाते हैं भउजी। *(तेजी से निकल जाता है।)*

सनीचरी : अरे बिजुआ ठहर पानी तो पीता जा। *(उठकर उसके पीछे जाती है।)*

बिजुआ : *(जाते-जाते बाहर से)* नाहीं भउजी फिर कभी।

[सनीचरी लौटती है।]

दूलन : का रे सनीचरी सुना ?

सनीचरी : का ?

दूलन : अरे ठाकुर मरा है। तो ऊ को रोनेवाली लगेगी ही। एक काम कर तुम दोनों चली जा।

बिखनी : ऊ का घर माँ का रोनेवाली नहीं ?

दूलन : रोनेवाला तो गरीब का घर माँ होता है। पइसा वालन का घर माँ तो रोय को भाड़ा करे का पड़ता है। अरे जाकर रोयेगी तो पइसा मिलेगा, अनाज मिलेगा,

किरिया के बाद का दिन कपड़ा अउर खाये को मिलेगा।

सनीचरी : हाय दईया, तू हमको रोये को भेजेगा। हमरा आँख से तो कभी पानी निकला ही नाहीं। बुधुआ का बाप जब मरा तो सोचा ई बार खुब रोयेंगे। बैठ गये जाकर पेड़ तले। रोवेंगे-रोवेंगे संझा हुई गई एक बूँद आँसू नाहीं निकला।

दूलन : अरे ऊ रोना नहीं। पइसा का खातिर रोना, धन्धा के लिये रोना। जइसा गेहूँ पिसती है, मिट्टी ढोती है वइसा ही रोजी रोटी के लिये ई काम करेगी।

बिखनी : हम का लेई चलो हम रोय सकत हैं।

लछमी : अउर कउनो काम नाहीं मिला, रंडियन के साथ ई दोनों रोये को जाएँगी ?

दूलन : चुप कर। काम काम है। तुम दोनों चलो, हम लेई के जायेंगे। जितने बढ़िया रोनेवाली होगी उतना मालिक का जस बढ़ेगा।

सनीचरी : लोग का कहेंगे ?

बिखनी : लोग का आय के हमको खिलाएँगे-पिलाएँगे ? चल दूलन हम तइयार हैं।

सनीचरी : लेकिन बिखनी।

बिखनी : चुप, बोल बुढवा कब ले जाएगा हम लोगन को ?

दूलन : दुपहरिया में आएँगे। काला कपड़ा पहिर के तइयार रहना। अउर सुन सनीचरी, हम जो काम देंगे ऊ का लिये हमको हिस्सा देना पड़ेगा।

सनीचरी : साला...चीमड़ बुढ्ढा हमसे दलाली लेगा ?

दूलन : त ई मे गलत का है ? देस का परधान से लेई के मसान का डोम तक दलाली लेता है।

बिखनी : साला खुसट बुढ्ढा तू जनमा होगा तो सौ हरामी मरे होंगे।

दृश्य - 8

[भैरव सिंह का आँगन। दोपहर का समय। भैरव सिंह की लाश कफन से ढकी पड़ी है। मोहनलाल पंडित माधोसिंह से पिंडदान करवा रहा है। पीछे बचनलाल और बिजुआ खड़े हैं। एक ओर कुछ लड़के बाँस की अर्थी बनाने में लगे हैं। किनारे तीन वेश्या बैठकर हँसी-मजाक कर रही हैं। बच्चा सिंह लाश के पैर के पास चुपचाप बैठा है।]

मोहनलाल : अब अपने पिता की आत्मा की शुद्धी के लिए कहो कि मैंने स्वर्ण दान किया।

माधोसिंह : स्वर्ण दान दिया।

मोहनलाल : एक जोड़ा वस्त्र दान दिया।

माधोसिंह : वस्त्र दान दिया।

मोहनलाल : अनाज दान दिया।

माधोसिंह : अनाज दान दिया।

मोहनलाल : कहो कि मैंने अपने पिता की आत्मा की शुद्धी के लिए ब्राह्मण को पलंग दान दिया।

माधोसिंह : दिया।

मोहनलाल : कहाँ दिया ?

माधोसिंह : *(दहाड़कर)* का रे बिजुआ, बचनलाल कहाँ है पलंग ?

बिजुआ : हुजूर ऊ बैलगाड़ी में लदवाय दिया।

[वेश्याएँ जोर से हँसती हैं।]

मोहनलाल : अब अंतिम दान कीजिए और कहिए कि अपने पिता की आत्मा की शुद्धी के लिए गो दान दिया।

माधो : दिया।

मोहनलाल : *(बिजुआ से)* गउ है न बाहर ?

बिजुआ : आप चिन्ता काहे करते हैं पंडितजी बाहर बँधवाय दिया है।

मोहनलाल : अब सात बार जल छिड़ककर अपने पिता की आत्मा की शुद्धी कीजिए।

[माधोसिंह जल छिड़कता है। मोहनलाल मंत्र पढ़ता है।]

मोहनलाल : गृह का पहला पिंड दान समाप्त हुआ, अब उठ जाइए माधोसिंह जी। अपने पिता का चरणस्पर्श कीजिए और प्रस्थान कीजिए।

बचनलाल : सब कुछ हो गया न पंडित जी ?

मोहनलाल : हाँ।

[माधोसिंह उठकर चरणस्पर्श करता है और निकल जाता है। पीछे-पीछे बचनलाल भी भीतर जाता है। एक लड़के का सर पर कम्बल लिये हुए प्रवेश।]

लड़का : डोम को दान देने के लिए कम्बल कहाँ रखें ?

बिजुआ : अरे भीतर रखो और कहाँ रखें ?

मोहनलाल : का रे बिजुआ, कच्चा दूध का इंतजाम हुई गया ?

बिजुआ : अभी हुआ जाता है पंडित जी।

[बिजुआ दूध लेने बाहर जाता है। पंडित मोहनलाल सामान समेटता है।]

गंगू : का पंडितजी खूब माल बटोर रहे हो।

सईदा : पंडित जी पिंड दान में रेडियो नहीं माँगे ?

चम्पा : एक हजार रूपइया के पलंग में पंडिताइन के संग सोवेंगे, थोड़ा गाना-बजाना भी तो होना चाहिए।

मोहनलाल : चुप, वेश्या रोने के लिये बुलाया है हियाँ खिलखिलाय रही हो।

[तीनों जोर-जोर से गिरकर हँसने लगती हैं। बिजुआ नाई दूध लेकर आता है। सईदा उसकी धोती पकड़ लेती है।]

सईदा : का रे बिजुआ आजकल टोला में दिखाई नहीं देते। कोई और ठाँव खोज लिया है का ?

बिजुआ : धत् ! पंडितजी ई रहा दूध।

[वेश्याएँ और जोर से हँसती हैं। बचनलाल का प्रवेश।]

बचनलाल : पंडितजी ई रहा इक्वायन रुपिया दखिना का। बिजुआ पंडित का दान-दक्खिना गाड़ी में लदवाय दो। पंडितजी चौथी के दिन भोरे-भोरे आ जाइएगा।

मोहनलाल : ऊ तो ठीक है। पर बचनलाल ऊ एक ठो बटनवाला छाता ?

बचनलाल : ठीक है, सब कुछ मिलेगा।

[बिजुआ पंडितजी को लेकर निकल जाता है। बचनलाल वेश्याओं के पास जाता है।]

बचनलाल : अरे छिनाल रोये के खातिर आई हो या बाप की बारात में आई हो। रोओ जोर-जोर से। *(अर्थी बनाते लड़कों के पास जाकर)* अऊर कितना देरी है ?

एक लड़का : बस हुई गया सरकार।

दूसरा : केवल रस्सी बाँधनी है।

[एक लड़का घी का टीन लेकर आता है।]

लड़का : सरकार घी का टीन कहाँ रखें ?

बचनलाल : हमार सर पे रख दे हरामी।

लड़का : जी।

बचनलाल : भीतर जाए के छोटी मालकिन को सौंप दे।

[बचनलाल वेश्याओं की तरफ देखता है कि वे नहीं रो रही हैं।]

बचनलाल : मालिक की इज्जत का जरा भी ख्याल नहीं। सारा जीवन मालिक का दिया खाया-पिया, कपड़ा-लत्ता-जेवर पहिना। अरी बेसरम आज ओके मरे पे आँख में एक भी आँसू नहीं...

चम्पा : हाँ...हाँ...मालिक हमारा भगवान समान रहा, हमको रंडी बनाया, खिलाया-पिलाया और मरने के बाद भी पाँच ठो रुपैया दिलाया रोने के लिए।

[बिजुआ आता है।]

बचनलाल : का रे...बिजुआ तू को दस-पन्द्रह ठो तगड़ी रुदाली लाने को बोला और तू ई तीन मरियल बुढ़ियन को पकड़ लाया।

सईदा : तगड़ी को तो सरकार लाईन में ही पाँच रुपल्ली से बेसी मिलेगा। ऊ काहे इहाँ मातम मनाएगी।

बचनलाल : चरबी चढ़ गिया है, चुपचाप गला ऊँचा करके रो...

गंगू : कुछ खिलाओगे नहीं, रोएँगे कहाँ से ?

बचनलाल : चुप बुढ़िया पहिले अपना काम कर।

[माधोसिंह आता है।]

माधोसिंह : ए बचनलाल।

बचनलाल : जी सरकार...

माधोसिंह : और कितना देरी है ? लहास निकलेगा कि नहीं ?

बचनलाल : बस सरकार लछमन सिंह बाबू का ही इंतजार है। अरे हियाँ का बइठा है ? भीतर जाओ कपड़ा पहिन।

माधोसिंह : चन्दन का काठ और घी वगैरह का इंतजाम हुई गया।

बचनलाल : जी सरकार।

माधो : बाबूजी का चिता जब जले तो कोसों दूर आदमी को पता लगना चाहिए कि माधोसिंह के बाप का चिता जल रहा है।

बचनलाल : आप बेफिकर रहें। सब इंतजाम पक्का हुई गवा है।

माधो : बाबूजी बरोही गिराम के ठाकुरों के सिरमौर थे। उनका अंतिम किरीया-करम राजा के माफिक होना

चाहिए। रुपिया पैसा का कोई चिन्ता न करो।

[माधोसिंह भीतर जाने को होता है तभी केवल तीन रुदालियों को देखकर ठिठक जाता है।]

माधो : केवल तीन ठो रुदाली। पूरा टोला उठाकर काहे नहीं लाए।

बचनलाल : सरकार ऊ बिजुआ नाई को कहे रहे...

माधो : कहाँ है ऊ सुअर का बच्चा ? बुला साले को।

बचनलाल : ऐ बिजुआ...

बिजुआ : आया सरकार।

माधो : चूतिया, ई का तोरा बाप मरा है जो ई तीन ठो मुरदा उठाए के ले आया।

बिजुआ : हजूर।

माधो : चुप साला एक बात नहीं बोलेगा किसी से टोला में खबर भेजो। पूरा टोला आज इहाँ हाजिर होना चाहिए।

बिजुआ : जी सरकार।

[निकल जाता है।]

माधो : माधोसिंह का बाप मरा है और तीन ठो रुदाली *(बाप के पास आकर)* बाबूजी !

[आँख में रूमाल लगाता है। गला काँपता है।]

गंगू : साला बाप को मार कर घड़ियाली टेसुआ बहा रहा है।

[राइफलधारी बॉडीगार्ड के साथ लछमन सिंह प्रवेश करता है।]

माधो : *(द्रुतगति से बढ़कर)* चाचा जी। *(पाँव छूता है)*

सईदा : माधो, बच्चा। दहाड़ का लछमन सिंह।

चम्पा : एक और रंडीबाज।

लछमनसिंह : अपने आप को सँभालो बेटवा। *(धीरे से)* हम दारोगाजी से बात कर लिये हैं बच्चा सिंह इधर आओ अब इसको तुम्हीं को सम्भालना है।

माधो : आप निश्चित रहें चाचा जी। इसका पूरा जिम्मेवारी अब हम पर...

बच्चा : बप्पा को हमरे का हुआ ?

लछमन : दुश्मन कतल करवा दिए बेटा।

बच्चा : हमको भी मरवा देंगे।

लछमन : तुमको तेरा भैया हिफाजत में रखेगा। काहे माधो...

माधो : आप कोई चिन्ता न करें...

लछमन : भैया को देख लें आखिरी बार।

[चादर उठाने जाता है। माधो उसे रोककर।]

माधो : आपसे देखा नहीं जाएगा। बड़ा बेरहमी से मारा है। *(रुँआसा होकर)*

माधो : चलिए चाचाजी...

[लछमन को लेकर भीतर जाता है। राइफलधारी गार्ड भी पीछे-पीछे भीतर जाता है।]

बचनलाल : *(वेश्याओं से)* सत नारायण का कथा सुनने आई हो ? रो जोर-जोर से...

[दूलन प्रवेश करता है पीछे सनीचरी और बिखनी।]

दूलन : राम-राम बचन भैया।

बचनलाल : का रे दूलन...

दूलन : बड़े सरकार नहीं रहे सुनके बड़ा तकलीफ हुआ यही वास्ते हम दू ठो रुदाली ले आए हैं। धूमधाम से किरिया-करम होना चाहिए।

[वेश्याएँ रोना छोड़कर एक-दूसरे को कुहनी मारती हैं।]

बचन : ठीक है, बैठा दो इनके पास...

दूलन : सरकार लेन-देन...

बचन : का...इन बुढ़ियन का कैसा लेन-देन।

दूलन : सरकार इन बुढ़ियन का रोना सुनके आपहु के आँसु टपके लगेंगे।

बचन : ठीक है अनाज दे देंगे।

दूलन : अनाज से का होगा ? सुने हैं कि रुदाली का खातिर दुई सौ रुपइया मंजूर हुआ है।

बचन : ठीक है, ठीक है पाँच ठो रुपइया ले लेना।

दूलन : पाँच ठो रुपैया   भले घर की औरतन का लिए पाँच रुपैया   कम से कम बीस ठो रुपैया मिलना चाहिए।

बचन : पागल हुई गए   बीस-बीस रुपया, ठीक है, दोनों के लिए तीस ले लेना।

दूलन : तीस ठो रुपया   चावल और कपड़ा, काला कपड़ा भी देना होगा सरकार।

बचन : गेहूँ मिलेगा, चावल नहीं।

दूलन : चावल दीजिए सरकार, जबरदस्त गला है दोनों का।

बचन : कितना सियार मरा था जब तू जन्मा।

दूलन : बाइस ठो।

बचन : ए नउआ।

वेश्या-1 : न जाने कहाँ से पकड़ के लाई ई बुढ़िया रोएगी ?

बचन : खपची तैयार है ? चलो लहास को चढ़ावें।

[दोनों कूद करके लाश के ऊपर गिरकर।]

[कू...मैया रे मारकर बिखनी और सनीचरी का रोना शुरू होता है।]

वेश्या-1 : अरी मैया रे। ऐसा छोड़ के काहे चले गए हमको, अरे कउन निर्दयी तुम्हरा ई हाल किया रे।

वेश्या-2 : तुम्हरा जो ई हाल किया ऊ का भी ऐसी हाल होय, ऊ कातिल का आँख गल के गिर जाय, ऊ का सर्वनास हो जाये।

वेश्या-3 : अब जागीर के परजन को कउन देखेगा, मालिक हमरा सबको भिखारी बना दिया। अरे मालिक हमरा ऐसा भीर जवानी में कहा चले गए।

[तीनों वेश्याएँ वहीं से धीरे-धीरे रोने लगती हैं।]

[माधोसिंह, लछमन सिंह और गार्ड का प्रवेश, बचनलाल माधो के पास जाकर खड़ा हो जाता है।]

वेश्या-4 : अरे मालिक एक बार आँख खोल लैयो रे, अरे एक बार आँख खोल के देखो,

अपना बेटवा को देखो, देखो कईसे ऊ का कलेजा फटा जाय रहा है, अब ई माधो बबुआ को कउन देखेगा रे।

[माधोसिंह को लछमन सिंह सँभालते हैं।]

वेश्या-5. : हाय राम काहे गिराया बज्जर ई बचवा पर, अब ई सुगुवा को कउन देखेगा रे।

[माधोसिंह आगे बढ़कर बच्चा सिंह को उठाता है। बच्चा सिंह नहीं उठता।]

दृश्य - 9

[शाम का समय। सनीचरी और बिखनी नथुनी सिंह के यहाँ से लौटकर आई हैं। दोनों थकी-माँदी हालत में मंच पर प्रवेश करती हैं।]

सनीचरी : आज तो एकदम थकाए गये रे बिखनी।

बिखनी : मंझली बहुरिया तो बहुते दयालू रही।
कितना कपड़ा-लत्ता, अनाज का दान पइसा लुटाये का तो कउनो हिसाबे नाहीं।

सनीचरी : बड़ा आदमी का सादी में खर्चा, मरे पे दुगुना खर्चा।

बिखनी : कईसा खील-बतासा उड़ाया रहा।
तोरा फूटा कपार देख के तो हमरा पराने सूख गिया अभी भी दुखाए रहा है का ?

सनीचरी : नाहीं पहले से कम भया है। ऐ बिखनी ! कुछ खाएगी नाहीं ?

बिखनी : खाऊँगी नाहीं भूख के मारे कलेजा बिलबिलाय रहा है। जा थाली ले आ।

[बिखनी पानी पीती है।]

सनीचरी : थोड़ा पानी हमको भी देना। ए बिखनी। देख कितना

चूड़ा-गुड़ दिया है। ले खा।

बिखनी : फिर पहले हमको दिया।

सनीचरी : अरी खा ले-खा ले, रोज-रोज नथुनी सिंह का महतारी थोड़े ही मरेगी। कितना लड्डू पूरी दिया है।

बिखनी : कपड़ा कईसा मुलायम ढाँई है।

सनीचरी : बिखनी, ई चार महीना में इतना काला कपड़ा जम गिया है, ऊ का का करेंगे ?

बिखनी : तू चिन्ता काहे करती है, हाट में ले जाए के सब बेच देंगे।

सनीचरी : इतना चूड़ा-गुड़ दिया है, धतुआ की महतारी को बुला के थोड़ा दे दें ?

बिखनी : दे दे न।

सनीचरी : धतुआ की अम्मा ! अरी ओ धतुआ की अम्मा !

लछमी : *(नेपथ्य से)* का हुआ रे ?

सनीचरी : हियाँ आओ। *(बिखनी से)* बिजुआ बतावत रहे, नथुनी सिंह अपना माँ का किरिया में दिल खोल के खर्चा किया। पक्का तीस हजार का खर्च किया रहे।

बिखनी : हँ तीस हजार का खर्चा करके तीन लाख का सम्पत्ति जो हथिया लिये।

[लछमी का प्रवेश।]

लछमी : का हुआ रे ? काहे इतना चिल्लाय रही थी ?

सनीचरी : ले लड्डू खा।

लछमी : हाय राम। तेरा कपार में का हुआ ?

बिखनी : होगा का ? नथुनी सिंह के हियाँ रोते-रोते जमीन से माथा फोड़ लिया।

सनीचरी : धन्धा में ई सब चलता रहता है।

लछमी : अरे सनीचरी ! आज का लड्डू तो बहुत बढ़िया है, पर ऊ परसों वाला लड्डू, राम-राम ! बास मारत रहे।

बिखनी : ई लड्डू है ठाकुर नथुनी सिंह के हियाँ का और ऊ लड्डू रहा मुआ लाला गनपत लाल के हियाँ

का हरामी ! एक नम्बर का कंजूस।

सनीचरी : जानती है, ऊ गनपत लाल का बेटा झुग्गीलाल...

लछमी : का हुआ ऊ को ?

सनीचरी : ऊ अपना बाप का लहास पे असली घी का जगह डालडा का लेप करवाय दिया।

लछमी : हाय दैया।

सनीचरी : और हमसे कहने लगा, औरों से पचास लेती हो हमसे बीस ले लेना, पर रोना ऐसे जैसे ठाकुरन का लहास हो, मुआ चला ठाकुरन की बराबरी करने।

बिखनी : हमने साफ कह दिया, पचास से एक कौड़ी कम नहीं होगा।

लछमी : ठीक किया। कंजूस मक्खीचूस !

[मिसरी और धतुआ की बहू का प्रवेश।]

मिसरी : हाय दैया ! खूब लड्डू उड़ाय रही हो धतुआ की अम्मा।

बहू : ए माइ ! चाची तुमको खोज रही थी।

लछमी : का बात है रे मिसरी ?

मिसरी : भीतर आकर बता दें ?

बिखनी : नाहीं। तुम वहीं खड़ी रहो। *(सनीचरी से)* ला लड्डू दे। लेओ बहुरिया लड्डू खाओ। *(मिसरी से)* लाओ महारानी, तुमहो उड़ाव लड्डू, ठहरो जरा सनीचरी से पूछ लें। ए सनीचरी ! देई दें।

[मिसरी हाथ से लड्डू छीनकर खाने लगती है। सभी हँसते हैं।]

मिसरी : तेरा तो भागे खुल गिया रे सनीचरी, रोज-रोज हलुआ-पुड़ी।

बिखनी : तो तेरे बाप का क्या जाता है ?

मिसरी : अरे हमरा बाप मरा तो खुद रोये थे, ई का बाप मरा, बेटा मरा, आदमी मरा बेहया का आँख में एक बूँद आँसू नाहीं ? आरे रोती कइसे, हुआँ हलुआ, पूड़ी लड्डू खाये को थोड़े ही मिलता।

बिखनी : खाये लिया लड्डू, सब भागो हियाँ से।

मिसरी : हमरी गईया बियायेगी ओही खातिर एकरे पास आये थे हमें कोऊ का लड्डू खाने का कउनो सौक नाहीं है।

बिखनी : चल भाग हियाँ से, लड्डू खाये के नखरा झाड़ती है।

[वापस सनीचरी के पास आती है।]

खाये ले।

[बाहर से एक औरत पुकारती है।]

औरत : सनीचरी का हियाँ रहती है ?

बिखनी : का बात है ? कउन हो तुम ?

[वह औरत बिखनी को इशारे से बुलाती है।]

बिखनी : ए सनीचरी हियाँ सुन।

सनीचरी : का बात है ?

बिखनी : सुन न।

[सनीचरी पास आती है।]

ऊ नथुनी सिंह का मंझली बहुरिया आई है।

सनीचरी : अरे तो भीतर बुला।

[दोनों मिलकर घर का सामान ठीक-ठाक करती हैं।]

लछमी : का बात है रे सनीचरी ?

सनीचरी : ऊ नथुनी सिंह का मंझली बहुरिया आई है।

लछमी : मोहर सिंह का बिटिया तोरे घर माँ ! चल-बहुरिया-चल।

बिखनी : अरी रुक न। चूड़ा-गूड़ लेती जा।

लछमी : नाहीं संझा को ले जाएँगे फिर ऊ मिसरी की गइया को भी देखना है। चल...चल...।

[लछमी और बहू निकल जाती हैं। ठकुराइन का प्रवेश। नाक-भौं सिकोड़कर खटिया पर बैठती है। सनीचरी और बिखनी उसके पैर धोती हैं।]

सनीचरी : बैठो ठकुराइन ! का बात रहा ठकुराइन ?

ठकुराइन : कुछ जरूरी बात रहे।

बिखनी : हमहीं को बुलाये भेजती। हियाँ आने का तकलीफ

काहे किया।

ठकुराइन : कल भोरे का बस पकड़कर, तुम लोगों को लोहरी गिराम जाना पड़ेगा।

सनीचरी : लोहरी गिराम काहे ठकुराइन ?

ठकुराइन : हमरे बाप मोहर सिंह को महीना-भर से चेचक हुआ है, कल रात से उनकी हालत बहुत खराब है, बचने की कउनो उम्मीद नहीं।

बिखनी : हम तो सुने रहे मईया की किरपा खाली गरीबन पर होत है।

सनीचरी : कउनो ईलाज नाहीं कराया ?

ठकुराइन : हमरी अम्मा केवल पूजा-पाठ करवाई और कूछ नाहीं। बाप को छोड़कर हमरा कोई नाहीं ससुराल में तो सब दुश्मन हैं।

सनीचरी : पर बाप तो अबै जिन्दा है न ?

ठकुराइन : बस नाम से ही जिन्दा है। देह सड़ाई गई पर दूध घी खाया शरीर, प्रान छूटना नहीं चाहते। दस गाँव काँपता रहे हमरे बाप मोहर सिंह के नाम से। उनके मरने पर ससुराल वालों को दिखाय दूँगी, किरिया किसको कहते हैं ?

बिखनी : पर नथुनी बाबू भी अपना माँ का किरिया में कउनो कसर नाहीं छोड़े। बेटा होय तो अइसा होय एकदम सरवन कुमार।

ठकुराइन : बड़े आये कहीं के सरवन कुमार। महतारी के सपूत ने खटाल के पास टाट लगवाय के अपनी अम्मा को फेंक दिया रहे और इलाज के नाम पर खटिया से एक ठो बकरी बँधवाए दिया। न कोई हकीम, न बैद्य, न डाक्टर...।

सनीचरी : पराकरम सिंह का बिटिया का ई हालत ?

ठकुराइन : और नहीं तो का ? महतारी दिन-भर हग-मूत कर पड़ी रहती और बेटा दिन गिनता, कब बुढ़िया मरे और सम्पत हाथ आवै।

बिखनी : सेवा टहल के लिए कउनो बंदोबस्त नहीं किया ?

ठकुराइन : काहे ? मोतिया दुसाधन और जगना चमार। अब चमार और भंगी के छूने से उनकी जात नहीं जाती ? सारा चाल ऊ बड़की बहुरिया की है, दिन-भर चाबी का छल्ला घुमाये के सबको नचाती रहती है।

बिखनी : काहे ? आप भी तो मंझली बहुरिया हैं आप का कउनो हक नाहीं ?

ठकुराइन : हमरा कईसा हक ? हम कउन ई खानदान का लिए बेटा जन दिए ? लड़की को जनम देकर पाप जो किया हमने। सास के मरने पर तीस हजार खरच हुआ आधा पइसा हमरे बाप ने दिया ऊ के बाद भी एक घड़ी नहीं ठहरेंगी, और जाके अपने बाप का किरिया ऐसे धूम-धाम से करेंगी कि जिला-जहाड़ को पता चल जाये, किरिया किसको कहते हैं। बताओ तुम लोगों को कितना देना पड़ेगा ?

बिखनी : रोते-रोते लोटेंगी तो पचास ठो रुपिया और छाती पीट कर घाट तक...

ठकुराइन : हम तुमको सौ रुपइया देंगे। पर रोना ऐसे कि गाँव-भर में हल्ला हो जाए।

सनीचरी : पर बड़ी मालकिन तो नून, तेल और लकड़ी...

ठकुराइन : हम तुमको आटा, चावल, गुड़, तेल, नमक और काँसे का एक थाल भी देंगे।

बिखनी : और कपड़ा ?

ठकुराइन : चिन्ता काहे करती हो, सब कुछ मिलेगा। कल भोरे-भोरे, आ जाना। और सुनो हमारे आने की खबर गाँव में कोऊ को पता नहीं चलनी चाहिए।

बिखनी : आप निश्चिन्त रहे ठकुराइन। कोऊ को खबर नाहीं होगी।

[ठकुराइन निकल जाती है।]

सनीचरी : बाप रे ! ई बड़े लोगन की बातें अलग। बाप अभी मरा नहीं, दौड़े-दौड़े हमरे घर चली आई। चल उठ भोरे बहुत काम है।

बिखनी : सनीचरी, दूसरे के मरे पे तो हम रोय-रोय के अपना

परान देते हैं। हमरे मरे पे कोऊ रोयेगा कि नाहीं ?

सनीचरी : काहे सियाल-कुकुर रोएँगे। चल जल्दी कर।

बिखनी : सनीचरी !

सनीचरी : का बात है ?

बिखनी : नाहीं कुछ नहीं।

सनीचरी : ए बिखनी, बोल न का बात है ?

बिखनी : ऊ, कल भोरे तो मोहर सिंह के हियाँ जाये का है न ?

सनीचरी : हाँ त ?

बिखनी : हम सोचत रहे हुआँ से राँची का बस पकड़कर जूजूभातु चले जाएँ। अपना देवर का बिटिया का बियाह माँ। ऊ का हुआ, परसों हाट माँ देवर से मुलाकात हो गिया, बहुत जिदीयाए गिया, हम भी सोचे नलिनी से मुलाकात हुई जाएगा।

सनीचरी : दुई दिन हो गिया, तू बोली नाहीं कुछ।

बिखनी : हम सोचे तू परेसान होगी।

सनीचरी : लौटकर आएगी तो ?

बिखनी : ऐसा काहे बोलती है अपना घर है, आएँगे नाहीं।

सनीचरी : नाहीं तोरा नलिनी...

बिखनी : दुई दिन माँ, मिल कर लौट आएँगे।

सनीचरी : ठीक है जा। सुन, बस में सीट पर मत बैठना आठ रुपईया लगता है। नीचे बैठ जाना और दुई रुपईया थमा देना। रस्ता के अगड़म-बगड़म मत खाना। तेरा खाए का बहुत बुरा आदत है।

[दरी बिछाने को होती है।]

बिखनी : ला हम बिछा...

सनीचरी : हम बिछाय देते हैं।

[कथरी बिखनी को देते हुए।]

ले सो जा।

बिखनी : और तू ?

सनीचरी : हमको बहुत काम है।

दृश्य - 10

[सनीचरी कपड़ा का गट्ठर लिये बैठी कपड़े छाँट रही है, फिर उससे पतला कपड़ा छाँटकर निकालती है, उठती है, सुई का डिब्बा लेकर आती है और सिलने लगती है। फिर उठती है पानी पीती है। फिर बैठती है। सूई का डोरा खत्म है। अँधेरे की वजह से डोरा डाल नहीं पाती। खीजकर उठती है। उन पुराने घड़ों में से एक को उठाती है, देखती है, फिर आकर अपनी जगह पर बैठ जाती है, बाहर से दूलन की आवाज आती है।]

दूलन : सनीचरी, ओ सनीचरी।

[दूलन भीतर आता है।]

दूलन : संझा हुई गई चूल्हा नहीं जलाया ?

सनीचरी : सबेर की रोटी पड़ी है, अपने लिए दुई बखत कौन पकाए ? बैठो दूलन...*(उठती है।)*

दूलन : अरे रहने दे खटिया...।

[दूलन खुद से छोटा टेबुल लेकर बैठता है।]

दूलन : तोरा सहेली तो गायब हुई गई

सनीचरी : कहकर तो गई थी दूई दिन माँ लौट आयेगी। आज छः दिन हुई गवा कौनो खबर नाहीं...

दूलन : अरे ऊ अब नाहीं लौटेगी बेटा, बहुरिया, नलिनि को छोड़कर इहाँ का करने आयेगी ?

सनीचरी : नाही दूलन...ऊ आयेगी जरूर। जात बखत हमार कसम खाय कै गई है। और इहाँ ऊ का काम धन्धा भी है, लौटेगी नाहीं ?

दूलन : अरे बेटवा बैठाकर खिलाएगा तो काम धन्धा काहे करेगी काम की बात सुन, नउगढ़ का ठाकुर गंभीर सिंह का नाम सुना है ?

सनीचरी : अरे ऊ का कउन नाहीं जानता। ऊ लम्बा नाक वाला गंभीर सिंह, जो दिवाली का मेला माँ हाथी पर चढ़कर घूमत है।

दूलन : पाँच गिराम का जमींदार सारा जिन्नगी मौज-मस्ती में काटा, अब बुढ़ापे में ऊ का फल भुगत रहा है।

सनीचरी : का हुआ उन को।

दूलन : होगा का...सारा देह सड़ाय गया फूल कर ढोल। अब मरा तब मरा। कल रात का ऊ को जमीन पर उतार दिया सुबह फिर साँस चालू, पर बुढ़वा का अब बखत आ गिया।

सनीचरी : तो हमका काहे सुनाय रहे हो ?

दूलन : अरे तुम का जाये का पड़ेगा रोवे का खातिर। ऊ लिख गिया है कि ऊ का किरिया में लाख रुपैया खरच होय का चाही। जितना पाप जिन्नगी में किया है, लाख रुपैया से सब धो डालेगा।

सनीचरी : पर हम अकेले कैसे जाएँगे बिखनी तो है नाहीं।

दूलन : बिखनी के लिए बैठी रही तो भूखों मरेगी, अरे धूमधाम से ऊ का किरिया होगा। तीन ठो बैण्ड बाजा घोड़ा, हाथी, पाँच गाँव के लोगन को कपड़ा-लत्ता, अनाज का दाना। अरे सनीचरी तू छः महीना बैठकर खाएगी। हमको भी कुछ माल पानी मिल जाएगा।

सनीचरी : तुमको पैसा का लालच पड़ गिया है दूलन तू हमरा बारे में नहीं सोचता, बिखनी है नहीं हम अकेले रोये को कैसे जाएँगी।

दूलन : काहे ? तोहरी का रंडी टोला में चली जा। गंभीर सिंह के नाम से पचास ठो रंडी चली आएँगी आउर तेरी परबतिया भी तो वहीं है।

सनीचरी : हम रंडी टोला जावै परबतिया के पास ?

दूलन : अरे पैसा का खातिर सब करै का पड़ता है सनीचरी, और गंभीर सिंह का खुद का मर्जी है कि रंडी टोला की औरतें आकर ऊ की किरिया पर रोवे।

सनीचरी : जिन औरतन का जिन्नगी बरबाद किया ऊ आय के ऊ की लहास पर रोएँगी।

दूलन : अरे छोड़ो इन बातन का, तुम्हें अपना काम-धन्धा करे का है कल टोहरी जाय के बंदोबस्त कर लेना। हम ले चलेंगे।

[दूलन निकल जाता है। सनीचरी चुपचाप बैठी रहती है। कपड़ों को समेटती, ओठेन को डालती है, उठकर दरवाजा बन्द करती है, डोरी पर सीकल की आवाज।]

आवाज : कोई है।

सनीचरी : कउन हो ?

आवाज : हम जू जू माई से आए हैं।

[सनीचरी उत्साहित होकर बाहर दरवाजे पर जाती है। भीतर एक आदमी आता है।]

सनीचरी : बिखनी नहीं आई ?

भतीजा : ऊ...

सनीचरी : का भवा ऊ को !

भतीजा : इहाँ से जाते बखत बस में...तेल का फुलोड़ी खाया और बियाह का बाद वाला दिन भी दुनिया भर का बासी खाया।

सनीचरी : ई तो उसका आदत रहा।

भतीजा : ओ ही सब खाय के ऊ को हैजा हो गिया। दुई

दिन बाद घरै माँ गुजर गई।

सनीचरी : इलाज बिलाज नहीं करवाया ?

भतीजा : कित्ता कहा अस्पताल चलो। बुआ राजी नहीं भई।

सनीचरी : राजी नहीं भई या खर्चा के डर से उन को लै नहीं गए।

भतीजा : बुआ कौनो सामान छोड़ के गई है ?

सनीचरी : काहे ?

भतीजा : हम ऊ का छोटका भतीजा हैं, हमैं खूब मानती रही। ऐही खातिर सोचे...

सनीचरी : तुम्हारी बुआ जब बेसहारा हुई के सड़क पर घूमत रही ए बखत तुम कहाँ थे ?

[विराम]

जाओ बबुआ अभी निकल पड़ो। जल्दी गए तो आठ बजे का बस मिल जाएगी।

[भतीजा गुस्से से उसे घूरता रहता है। फिर पैर पटककर निकल जाता है।]

[सनीचरी लौटकर खाट के पास जाती है। बिखनी का कपड़ा उतारकर देखती है। उसे हाथ में लेकर रोने लगती है। रोते-रोते बैठ जाती है। थोड़ी देर बाद उठकर कपड़ा उठाकर रखती है।]

दृश्य - 11

[वेश्याओं का मुहल्ला। कोई कपड़े धो रही है, कोई बाल सँवार रही है, कुछ लूडो खेल रही हैं...]

चम्पा : तीन...तीन...तीन...तीन। आ गया तीन।

गंगू : धत् खाली चार आया, बोलती है तीन।

चम्पा : धत् तेरे की, ये तो चार है।

गंगू : चार माने साँप के मुँह में। चल।

चम्पा : झूठ काहे बोलती है चोट्टी, आँख फाड़ के देख चार हियाँ नहीं, हियाँ है।

गंगू : जा जा, गंगू तेरी जैसी चोट्टी नहीं है।

पंडिताइन : पानी बंद हो जाएगा, नहा लो जाकर। का सुबह-सुबह लूडो खेला लेकर बैठ गई।

चमेली : जाते हैं पंडिताइन, तुम पहले अपना कपड़ा तो धो लो। ये जय शिव-शंकर...आ गिया हो। सर-सर-सर सबसे ऊपर, जैसे कलुआ दलाल गुलबदन को चढ़ा दिया। आसमान पे।

गंगू : साली तुमको जलन काहे होती है ?

नसीबन : ये चाये ले। गंगू ले चाये ले। ये ले अबन्ती, फिर मत बोलना वापस नहीं किया। कितना निकालेगी फिर आ जाएगा।

जुबैदा : छक्का, मिल गया हमको घर। पूरा हो गया हमरा खेल। हम तो चले नहाने।

गुलबदन : नसीबन चाय दे।...नसीबन चाय दे।

जुबैदा : देखकर नहीं चलती।

नसीबन : हियाँ काहे बैठी है, भीतर जाकर बैठ न।

चम्पा : हे हे हे, चल नीचे उतर।

[गुलबदन, चम्पा की चोटी खींचते हुए।]

गुलबदन : साली फिर चुराया ?

चम्पा : का चुराया ?

गुलबदन : हर बख्त हाथ मारती रहती है और पूछती है का चुराया ?

चम्पा : का हुआ ?

गुलबदन : ई रीबन, तेरा भतार दिया ?

चम्पा : झूठ काहे बोलती है, हम हाट से खरीदा।

गुलबदन : हाट की बच्ची...

[दोनों आपस में गुत्थमगुत्था हो जाती हैं, औरतें छुड़ाती हैं। सनीचरी का प्रवेश।]

सनीचरी : परबतिया का हियाँ रहती है ?

गुलबदन : कउन हो तुम ?

गंगू : अरे ई तो भैरों सिंह के हियाँ रुदाली बन के आई थी   तुम्हारी ऊ दूसरी सहेली कहाँ गई, बाप-रे-बाप कईसा रोई रही, अभी तलक नहीं भूले।

गुलबदन : हियाँ कोई नहीं मरा। जाओ हियाँ से।

सनीचरी : हमको परबतिया से मिलना है।

गुलबदन : हियाँ कोई परबतिया नहीं रहती।

गंगू : झूठ काहे बोलती है, अपनी टोहरी वाली परबतिया नहीं है। हम बुलाए देते हैं। बैठो। ए बैठाओ इनको। नसीबन चाय दे।

गुलबदन : *(चम्पा से)* चल उठा अपना लूडो। सारा आँगन गन्दा

कर रखा है।

चमेली : का नाम है तुम्हारा ?

सनीचरी : सनीचरी।

चमेली : परबतिया से का काम है ?

सनीचरी : ऊ बहुरिया है हमरी।

[गंगू परबतिया को लेकर आती है।]

परबतिया : हरामजादी चैन से नहाने भी नहीं दिया, कउन सुबह-सुबह मरने चला आया।

गंगू : देख न कउन आया है ?

परबतिया : तू...तू हियाँ का करने आई है ?

सनीचरी : हमको तुमसे कुछ जरूरी बात रहा ?

परबतिया : हमको कोई जरूरी बात नहीं सुनना। जाओ हियाँ से।

सनीचरी : तेरा सुभाव एकदम नहीं बदला। हम तो तेरा मदद के लिए आये रहे।

परबतिया : हमको तुम्हारा कउनो मदद नहीं चाहिए। ई है हमरे खसम की अम्मा, भर पेट खिला नहीं सकती, आई है हमरा मदद के लिए। हम तुम्हरा संग नहीं जाएँगे बस।

गंगू : अरी सुन तो का बोलती है।

सनीचरी : हम ई को ले जाने का वास्तो नहीं आये हैं। हम तो तुम लोगों का मदद करने आए हैं। तुम लोगों का खातिर रुदाली का काम लेके आए हैं।

परबतिया : अरे लात मारती हूँ तुम्हरे रुदाली के काम पर। हम जाएँ रोये का लिए, ऊ बड़े आदमियन की लहास पर जो हमरा ई दुर्गति बनाये हैं।

सनीचरी : तू हमरा बात तो सुन बहुरिया...

परबतिया : खबरदार जो हमको बहुरिया कहा। हमरा नाम परबतिया है, धन्धा करते हैं, ऐही करेंगे। हमको नहीं जाना है किसी का लहास पर रोने के लिए, बस।

[परबतिया चली जाती है।]

गुलबदन : बुढ़िया का दिमाग खराब हो गया। रोज का धन्धा

छोड़कर हम जायें लहास पर रोने का लिये।

सनीचरी : काहे नहीं जाओगी। अठन्नी के लिए लाईन लगाओगी। उससे पइसा मिलता है। न पइसा, न भात, न इज्जत।

चम्पा : आदमी कोई रोज-रोज थोड़े ही मरता है, हमरा धन्धा तो रोज का है।

संतो : ओय-होये तेरा पास तो जइसे गाहक का लाईन लगा रहता है।

चमेली : हम नहीं जाते, रोने का धन्धा आज है कल न रहे तो ?

सनीचरी : तुम्हरा जवानी आज है, कल न रहे तो। अरे ई काम है काम। जैसे कोई लकड़ी काटे, मिट्टी ढोये वैसा ही काम।

जुबैदा : पइसा-वइसा मिलता है का ?

सनीचरी : पइसा, अनाज, कपड़ा सब मिलता है।

गंगू : अरे मरा कउन है पहले ई तो बताओ ?

सनीचरी : नौगढ़ का राजा, गंभीर सिंह।

जुबैदा : नौगढ़ का राजा, गंभीर सिंह ?

गुलबदन : सच्ची मर गिया ?

सनीचरी : आज भोरे गुजर गिया। खूब धूम-धाम से ऊ का किरिया करम होगा। पइसा पानी की तरह बहाया जाएगा तुम सब चलो हमरे साथ।

वेश्या-1 : पइसा कितना मिलेगा ?

सनीचरी : दस रुपइया रोज का। खाना-पीना, कपड़ा सो अलग।

गुलबदन : और कोई जाए चाहे न जाए, हम तो जरूर जाएँगे। हमरा बाप मरा है हमरा बाप जो हमरा सर्वनास किया हमरा अम्मा का सर्वनास किया, ऊ का मरे पे हम नहीं जाएँगे ? हम तो जरूर जाएँगे। बताओ का करना है...

चम्पा : अरे रंगीन कपड़ा मिलेगा तो ?

सनीचरी : रंगीन तो नहीं लेकिन काला कपड़ा ढेर मिलेगा।

जुबैदा : अरे मरी हाट में बेच के रंगीन ले लेना।

चमेली : अरी चल न, कपड़ा मिलेगा। पइसा मिलेगा, अनाज मिलेगा चल न।

चम्पा : अरे ओका घर में कोई भाई-भतीजा है कि नहीं।

गंगू : अरे गुड्डो रानी उसका भी जुगाड़ हो जाएगा।

नसीबन : पर रोएँगे कइसे बताओ न।

पंडिताइन : हम तो कभी रोए नहीं, रो के दिखाओ न।

चम्पा : हमरा तो कोई रिश्तेदारी भी नहीं।

गुलबदन : अरे तुम रो के दिखाओ न।

सनीचरी : जब रोने जाओगी न ? तो ऐसे रोना कि रोआँ खड़ा हो जाए ऐसे जान लगा के रोना कि कलेजा दहल जाये। हाये रे हाये रे हाये रे।

दृश्य - 12

[बैंड बज रहा है। स्टेज के बीचोबीच गंभीर सिंह की लाश खाट पर पड़ी है। लाश फूलों से ढकी है, सिर्फ मुँह दिखाई दे रहा है। पीछे कुछ लोग धूप धूना जला रहे हैं। पंडित जी खड़े श्लोक पाठ कर रहे हैं। स्टेज राइट में एक के बाद एक लछमन सिंह, गाधो सिंह, नथुनी सिंह वगैरह चार ठाकुर बैठे हुए हैं। लछमन सिंह के पीछे उसका बाडीगार्ड कन्धे पर बन्दूक लिये खड़ा है। एक जमींदार लाश पर माला चढ़ा रहा है। लाश से दुर्गन्ध आ रही है जो कि सबको लगती है। गंभीर सिंह का भतीजा गजानन सब काम का मुयायना कर रहा है। माधो सिंह उसके साथ खड़ा है, माला चढ़ाकर ठाकुर रूमाल से नाक बन्द कर दूसरे ठाकुरों के पास आकर बैठता है। उनसे बताता है कि लाश से दुर्गन्ध आ रही है।]

पंडित : शुक्ल पक्ष की इस पुण्य तिथि में गंभीर सिंह जी

अपना शरीर त्यागे हैं। इनका बैकुंठ वास अनिवार्य है।

लछमन सिंह : पंडित जी इनकी महान आत्मा बैकुंठ ही तो जाएगी। सारा जीवन भइया गरीबों और दुखियों की सेवा में ही गुजार दिए।

माधोसिंह : नौरागढ़ आज अनाथ हो गया। घबड़ाओ मत गजानन हम तुम्हारे साथ हैं। *(गजानन के पीठ पर हाथ रखता है।)*

बिजुआ : मालिक हमरे जिये शान से अउर मरे भी तो शान से।

एक आदमी : हम तो आज बेसहारा हुई गए। *(चिल्लाकर)* ऐ धुनी खतम हो गिया। धुनी लाओ।

गजानन : आइए लछमन बाबू।

[लछमन सिंह को माला चढ़ाने के लिये कहता है। लछमन सिंह माला चढ़ाने के लिए जाता है। पीछे-पीछे बाडीगार्ड भी जाता है। माधो सिंह ठाकुरों के पीछे आकर खड़ा होता है। एक लड़का माला लछमन सिंह को देता है लछमन सिंह लाश के पास जाकर ठिठककर खड़ा हो जाता है। दुर्गन्ध नाक में लगती है।]

लछमन सिंह : गजानन इतर उतर का प्रबन्ध नहीं किए। भैया हमरे इतर के बड़े शौकीन थे। अरे कोई जाओ इतर की दुई चार शीशी ले आओ।

[अपने बाडीगार्ड को माला देकर]

ले चढ़ा दे।

[लछमन सिंह अपनी कुर्सी में आकर बैठता है। बाडीगार्ड माला चढ़ाता है। वो भी दुर्गन्ध से नाक बन्द करता हुआ फिर अपने स्थान पर आकर खड़ा हो जाता है। इस बीच बैंड बजना बन्द हो गया है।]

नथुनी सिंह : अरे गजानन ई बैंड काहे बन्द हो गिया ?

लछमन सिंह : अरे देखो जाके सालों को पैसा बैठने के लिए दिया

है कि बजाने के लिए ?

गजानन : ऐ भगीरथ देख जाके।

माधो सिंह : गजानन कागज-पत्तर सब ठीक है न ?

गजानन : ऊ तो सब रहते ही ठीक कर गए थे। चाचा हमरे बड़े दयालु थे।

[भगीरथ भागते हुए आता है।]

[बाहर से सामूहिक रोने की आवाज आती है।]

भगीरथ : *(गजानन से)* मालिक, मालिक रुदाली का पूरा झुंड रोते चिल्लाते इधर ही आय रहा है।

[बिजुआ हाथ में धुनकुची लिए हुए ही बाहर भागता है। दरवाजे पर जाकर देखता है। सारे लोग उत्सुकता के मारे बेचैन हो जाते हैं। शोरगुल मच जाती है। गजानन सबको बैठाता है। झुंड में रुदाली काला घाघरा और काला ओढ़ना से सर ढाँपकर प्रवेश करती है। लाश के चारों ओर चक्कर लगाकर खाट पकड़कर बैठती है। फिर रोती है। फिर जोड़े में एक दूसरे को पकड़कर उठती है। स्टेज लेफ्ट में जाकर बैठती है। फिर सर पीटकर, छाती पीटकर रोते रोते खड़ी होकर छाती पीटकर रोने लगती है। सनीचरी सबके सामने रहकर उन्हें नेतृत्व देती है। इस बीच गुलबदन सर से कपड़ा हटाकर माधो सिंह को देखती है। माधो सिंह भी उसे देखता है। माधो सिंह उठकर धीरे धीरे गुलबदन के पास जाता है। दोनों एक दूसरे को देखते हैं। लछमन सिंह उन्हें देखकर उठता है फिर लाश के सिरहाने जाता है।]

लछमन सिंह : अरे चलो, लाश उठाओ भइया।

[माधो सिंह झटके से मुड़ जाता है। चारों ओर शोरगुल मच जाता है। जमींदार बढ़कर लाश उठाते हैं। गजानन भी लाश उठाने में शामिल है। कुछ लोग खोई और पैसा लाश पर छिड़कते

हैं। सब लोग 'राम नाम सत्य है' बोलते हैं। लछमन सिंह और पंडित जी आगे, उनके पीछे लाश, उसके पीछे सारे लोग और सबसे पीछे रुदाली रोते-रोते बाहर निकलने लगती है। सनीचरी स्टेज राइट कोने में खड़ी है। गुलबदन रुदालियों के बीच से निकलकर पीछे खड़े माधो सिंह के पास आती है, दोनों में बात होती है। माधो सिंह गुलबदन को लेकर भीतर चला जाता है। लाश, सारे लोग और रुदाली बाहर निकल जाती हैं। दूलन पोटली लेकर आता है। सनीचरी के पास रखता है।]

दूलन : ई ले समान। जल्दी आना। हम जाते हैं मसान। पइसा बाद में मिलेगा।

[दूलन चला जाता है। सनीचरी पोटली उठाकर धीरे-धीरे बाहर की तरफ जाती है। एक धुनकुची उल्टा पड़ा है। उसे उठाकर सीधा करती है। फिर नीचे पड़ा एक सिक्का उठाती है। उसे देखती है। उदास मुस्कुराती है। पैसा आँचल में बाँधती है। धीरे-धीरे आगे बढ़ती है।]

[पर्दा गिरता है।]

●●●